滄海叢刊

知識、理性與生命

孫寶琛 著

1989

東大圖書公司印行

© 知識、理性與生命

作　者　孫寶琛
發行人　劉仲文
出版者　東大圖書股份有限公司
總經銷　三民書局股份有限公司
印刷所　東大圖書股份有限公司
地址／臺北[illegible]慶南路一段六十一號二樓
郵撥／○[illegible]一七五—○號
初　版　中華民[illegible]七十二年九月
再　版　中華民[illegible]
編　號　[illegible]
基本定價　[illegible]貳分
行政院[illegible]局版臺業字第○一九七號
著作[illegible]字第二六四二九號

自序

本書的主要目的在闡述中華民族哲學——易學之原有義理，易學講的是太極陰陽生生變化的生命原理，孔、孟、老、莊以及歷代的頂尖學者皆宗易學，本書引證之處頗多，讀者可以參閱。

古人講太極，多極簡略，而對太極生陰陽以及陰陽相反相成的辯證發展，古代學人也缺少有力的事例說明。在本書中讀者可以隨處看到這一類的事例解說。說穿了，太極陰陽並無玄奧難懂之處，那就是說，一般人皆可懂易學。因為事物都有生命，而生命時在動變化的過程中，可以感知，並無玄妙。這動變化的過程也就是生命的新陳代謝過程。事物永無靜時，永在變動，這便是生命真理。

春去冬來，花開花謝，物有生死，蟲蛇脫變，都是可以聞見的。蟲行有屈申，物體運動有向心力與離心力，也沒有什麼稀奇。事物活動有正反兩面，正為陽而反為陰，陽順而陰逆，生順而死逆，通人皆可知此理。就以生死來說，生為陽而死為陰，而且生死都是有形的，可以聞見。不過陽生與陰死這兩種力量却來自太極，而太極這一支配陽生陰死的力量乃是不可聞見的。這對人們的感官來說就有點玄了。宋儒周廉溪在太極之上又加無極，引起朱陸之爭。其實太極已是無了，說它是無極，仍然是極。太極是孔子提出來的，它就是陰陽互生的生命本體或根源。話說的已够明白了，何必再在無極上紛爭！本書對於這點已寫出充分的學理及豐富的例證解說，讀者可以參閱。

事物運動表現陰陽，陰靜而陽動，而支配陰陽動靜的根源力量，便是太極。宋儒邵子認為在動靜之間還有一種力量，但他未指明這一力量便是太極。原來陰陽是相反的，但二者所以相成，就是由於太極。太極制約着陰陽變化，使之由相反而相成。否則陰陽相反發展至極端，那就只有相毀而無相成了。所以陰陽變化最貴中和。就像射箭一樣，射的動作來自張弛，若大張而小弛或小張而大弛，那就是陽張陰弛的失和，離開了中道，必難成射，本書曾批評馬克斯之學無本，因為他只講否定或肯定，也就是他只講陰陽相反，而不講太極這一支配或制約陰陽的根源力量，就是無本。其實，生否定死或死否定生，神奇化為腐朽或腐朽化為神奇，都不過是生命活動的表現形式，馬氏的唯物辯證法壓根就不承認生命存在，却大講陰陽變化，失其本矣！

本書在第一篇認識論中特列生命真理的充實性一章，說明時間與空間二者皆為生命的附麗，其所以充實乃由於生命活動，並引用中庸及孟子、莊子等人的話，加以解說，決非出於私見。又本書強調理性重要，並於第二篇第五章特列理性宇宙一章，由邏輯上說明人物皆具理性，因為人物皆為宇宙的一部分，部分理性來自整體理性，部分與整體的一致性自然出於邏輯要求。本書第二篇講本體論可說是第三篇講人生論的準備工作。人生論偏重在天人之辨，中國聖哲講學，皆重天人之辨。由天講到人，一般讀者對這一部分應該會感到興趣。

生命哲學講的是生命，生命卽真理，真理不受時空限制。受時空限制的是事物，決非生命真理。生命真理乃是無形無限的精神，潛存於事物的底裏，不是感官認知的對象。舉例言之，生與死都是生命活動的一部分，換言之，生是生命活動，死也是生命活動，因此，生並非生命的開始，死也不是生命的結束，這叫做死而未了。屍體腐朽可化為神奇，就說明死而未了。其實生與死乃是生命活動的可見部分，是有形的，但生命活動還有無形的不可見部分，才是最重要的，因為這無形的部分也正是生命真理的本體，我們也可叫它生命精神。孔子叫它太極，老子叫它無，莊子叫它無形，中庸叫它費隱。不管怎麼說，這個生命真理只有使用理性始可被人類認知。而且理性認知乃是一種曲折迂迴的辯證的實踐過程，因為生命運動原是走的陰陽變化相反相成的辯證歷程之故。

近代科學發達，哲學有沒落之勢，有人喊出哲學破滅，此乃驚世的危險之言，科學研究的對象是事物，是有形的生命部分，不能觸及無形的生命本體。人類的觀念意識皆受外物所樊籠所約束，必須經由理性的疏導，始可由濁流變為清流，而歸屬整體生命的主流系統。腐朽的化學成分是有形的，決非生命本體，腐朽化為神奇的潛能就觸及生命本體，化學家對此却無能為力。故人或物有生死，有生死就有哲學，哲學永無破滅。孔子觀川水而歎曰：「逝者如斯夫，不舍晝夜！」生命永在流動，不舍晝夜，不舍古今，生命哲學因而也永不會破滅。

孫寶琛

中華民國七十三年三月

識於臺北

知識、理性與生命　目次

第二篇 本體論

第三篇　人生論

上篇　認識論

第一章　經驗及知識的局限性

世人皆說現在是一個知識爆炸時代，意謂現代人類知識的增加突然速度加快，這是一件可喜的好現象，知識對人類的實用價值是無可置疑的，西洋人重視知識，認知識爲力量或權力 (knowledge is power)，是的，知識可以增加個人的權勢力量及其爭權取利的能力，因而也增加其在社會上的影響力量，如就全體人類來說，知識可以增加人類對自然與社會的了解能力，因而也增加其對生存環境的支配或控制的能力，結果必可以增加人生的物質福利。

然而知識不是萬能的，知識對人生有利也有害，天下事都是如此，因此，我們需對知識的性質及其限制作一深入的研究，始可確定其正常功能。知識是怎樣來的呢？知識來自經驗或實驗，經驗來自感官，人生而具有耳目口鼻四肢心身等器官，憑着這些器官對外物的接觸，人類始可取得經驗，如耳之於聲，目之於色，口之於味，鼻之於臭等卽是。然而，人的生理器官的功能都是有限的，如耳之於聲，如果聲音太大或太小，人耳就可能聽不見或聽不清。又如人目，物體如果太大或太小，人目就可能看不見或看不清，老子說「大音稀聲，大象無形」，話說的一點不錯，凡物體的形色大到或小到超出耳目的聽視能力之外，這時耳目的功能便失去作用，耳目對外物的聲色必然難有確定明晰的觀念。

個人的生理器官如果是正常的話，則其對於一個特定事物所取得的經驗大概極其相似，雖然不一定完全相同，如以正常的耳目聽物或觀物，則每個人對於聲色的經驗可說是大同小異，但聾人不知聲，盲人不知色，那是特殊的個例，不可一概而論，一個患瘧疾的人，其冷熱感覺異乎常人。因此，所謂經驗當然是指的常人的經驗，只有根據這種常態經驗始可獲得知識的共同基礎，人類的心理也有共同的基礎，常人愛花，但一個心理不正常的人也許恨花，人類心理較其生理活動更爲複雜，一個淚眼看花人，不必然恨花，他也許要花陪他流淚呢，這算是常態心理或病態心理呢？人的情感時有悲喜，應屬常態，因此，人爲花而悲而喜，可說是常情。

人對物的經驗通常不是單一的而是複合的，例如人對石的觀念由經驗而來，目視石色爲白則爲白石，手觸石而有硬度則名之曰堅，如果其石體積大，則名之曰大，如果其石終觀者一生皆在其處，則給予觀者長久的感覺。那麼，其石就有大、白、堅、久等屬性。在經驗中，石不論大小或黑白，凡石皆堅，堅則不易腐壞而持久，故堅與久實爲石之共通屬性，人稱金石，將石與金並列，就因金石同具堅久的屬性之故。但在經驗中，天地似乎更能持久，雖然天地不以堅稱，然而天長地久確是肯定的經驗，是以堅乃金石的主要屬性，大小黑白乃石之次要屬性，名家唱出離堅白之說，其意謂白石之堅與白可以分離，白這一屬性對於白石來說，較其堅的屬性乃是次要屬性，凡石必堅，始可稱石，至於石之爲白爲黑，無關緊要，卽石之所以爲石，必須具有堅性，否則便不能稱石，至於其石爲白爲黑，對於石之眞性，並無影響，但離堅白說是名家詭辯，因爲白確實是白石的屬性，今離去其白，就不成白石了。故就白石來說，白與堅不可分離。另外又如名家公孫龍唱出白馬非馬說，也是一種詭辯，馬有各種顏色如白馬黑馬紅馬花馬等，無色的馬是不存在的，今公孫龍竟說白馬非馬，那就等於說馬是無色的，凡有色的皆非馬。其實馬因馬之形性而得名，白馬是馬，黑馬紅馬都是馬，因爲牠們這些有色的馬並不因其有色而失其形性。

經驗必須明確，必須具有正常的生理與心理基礎，否則外物在人心中就難成明確的觀念。因爲經驗乃是感官與外物連繫的一條通路或過程。人類的經驗有不少部分是出於不自覺的結果，故其性質是被動的，在另一方面說，實驗乃是自覺的主動的取得經驗或知識的過程，在此過程中，人類可選定特定的環境而有計劃的獲得特定經驗，不管被動的經驗或主動的實驗，外物進入人類感官，再轉入心官而留下個別影像，那就是觀念，個別的觀念再加組合，就成了概念（concept-ion），故概念是思維的產物，概念再加組合就成了原理（principle）。由上可知，經驗是知識的原料，由此原料而產生觀念，再由觀念而產生概念及原理，這就是知識或科學形成的過程，故科學乃是有系統的知識。

感官的功能有限，經驗因受感官功能的限制而亦有其限制，我們對於個別的物體如桌椅板櫈鳥獸蟲魚之類，可在心中形成明確的觀念，甚至我們對於個別物體有關的時間或空間也可在心中形成相當明確的觀念，但我們對宇宙時間或宇宙空間，不可能在心中形成明確的觀念，因爲宇宙時間或宇宙空間都是無限的。宇宙時間既無起點，也無終點，宇宙空間是橫的無限或無邊無際，因此，在人心中它們不可能形成明確的觀念，不要說無限的宇宙時空了，卽便是有些有限的物體如果大到或小到超過感官功能之外，那麼，這些事物也就在人心中難於形成明晰的觀念。卽便是普通大小的物體，如果距離過遠或過近，人目就可能看不見或看不清，聲音如果太遠，人耳就聽不見，卽使很近，如果萬砲齊鳴，人耳也可能只感到轟轟而已，這時大小砲聲就難分了。月亮原非光體，但肉眼看月，月亮確實是光亮的物體。再大的物體，如果遠在天邊，就變小了，如果遠在視線之外，就看不見了，尤有進者，我們對於過去確實存在的歷史事物也看不見，同理，對於將來出現的事物也難看見，但我們却不可斷然否認它們的存在，這一切說明了人類感官的限制，因而也是經驗知識的限制，天地廣大，無奇不有，我們不可武斷的說我們感官所不及的事物就不存在，宇宙間常出現奇蹟，人死復活確有其事，但衆人未經親眼看見，總難置信，腐朽化爲神奇是常有的，那就見怪不怪了。自然界充滿了各種奧秘，人類對它們迄無感知，但我們決不可武斷說它們不存在，科學家時常發現自然的奧秘，便是它們早已存在的明證，莊子曰：「計人之所知，不若其所不知，其生之時，不若其未生之時。」是的，比諸宇宙，短促狹隘的人生及其極少的知識，不啻九牛之一毛，蒼海之一粟。

說實在的，人類經驗不僅狹隘，而且多欠明確，我們知道，事物的存在離不開時間與空間。前面我們講到宇宙時空的無限性，不幸，事物皆存於時空的交織中，尤有進者，事物總處於變動狀態中，每一件物體皆有其特定的量與質，而且互相依附，互相關連，而且各物的分際及其關聯性也時時變動，即使觀物的人也常變動。我們假定觀物者爲同一人，所觀者爲同一物，但因主觀的條件與客觀的條件皆發生變動，則今日之條件必異於昨日的條件，今日的經驗亦必異於昨日的經驗，今日之物量與物質及其相互關聯的物際關係，亦必異於昨日。莊子曰：「物量無窮，時無止，分無常，終始無故。」（莊子秋水）莊子這裏正是講的物量物質物際是不可限量的瞬息萬變的，人類經驗既成，常因惰性而難於應時而變，因而與活動變化的事物脫節，因而形成觀念的殭化，遂成人類偏見之根因。

由於人類經驗的雜亂狹隘及殭化，如完全根據此種經驗而獲取知識，而又將此種知識系統化以建立科學原理，那眞是一件危險的事，因此，所謂科學原理，雖由科學家使用嚴密的思維推理而成立，最大限度也不過是科學家予以承認的比較高明的意見而已，事實上確實有極多的所謂原理，常於成立不久而被人推翻，這是屢見不鮮的事，在使用思維推理的過程中，科學家常常不能避免積習偏見等影響，因而使其不能信守純粹的推理途徑，因而影響其所尋求原理之正確性，即使我們假設人類的經驗及知識是完全明確的，那也不過是對事物的知識，而非支配事物運動的原理本身。近代原子學乃是解釋自然事物的利器，科學家皆予承認，然而後來發現每一原子却含有其他難予理解的分子，這些分子的性質在受觀察時却常在變化，因此科學界又提出所謂素粒子(quark)這個怪物而熱烈的加以研究。這素粒子果眞是物質的終極奧秘的答案麼?它又是由何種物質來的以及由何種力量形成的?誰知道。因此，我們現在雖不能說原子學說已經破產，但至少我們可以說它已遭遇到破產的危機，因爲它不能解釋所有物質的終極奧秘。人類憑着實驗觀察以取得知識，當然較實際的生活經驗知識爲精確，但實驗觀察亦有其局限性，由此所取得的知識亦有其局限性。

我們上面所講皆限於物質方面，所討論的經驗知識也以物質爲對象，事實上**自然科學家所研究的確實是以物質爲對象，因此唯物論者竟然認爲這世界除了運動的物質以外再沒有別的了**。唯經驗論者也只肯定經驗知識的價值，企圖摧毁因果律（causality），顯然與唯物論者爲一家人了。其實因果關係是一種客觀的存在，但並非物質。這世界除了物以外，尚有生命、思想、信仰、情感等等皆非物質，但它們都是客觀存在，我們常說事物，其實事與物有別，事非物質，如革命、選舉、生死、婚嫁，都是事而非物質，唯物論雖不否認生命存在，但他們却視生命爲物質的附庸或派生物，他們壓根兒就否認上帝道德倫理以及精神的存在。馬克斯認定生產關係是一切政治的經濟的社會的基礎，但生產關係以及他所謂上層建築如文學藝術宗教等，皆非物質。因此，唯物論經不起科學分析，因爲它是反科學反邏輯的。物質是有形的，但除了物質之外，還有無形的精神生命，還有支配物質運動的無形力量，存在於外太空的黑洞（black holes）是空無的狀態，決非物質，然而在黑洞中却潛藏着驚人的巨大力量，在太空中任何巨大的物體，只要接近那些黑洞，必被吸入其中，遭到萬劫不復的厄運。物理學所謂能(energy)，決非物質，萬有引力是能，不是物質，光子也很難肯定就是物質，但能量可搖身一變而成質量，唯物論對這些皆不能解釋。能量決非質量的附庸，能量獨立存在於質量之外，而且可以變成質量，單就這一點就可以推翻唯物論了。

我們說事非物質，事是什麼？事是生命活動的形式或形跡，萬事發於意念，意念乃是無形的精神活動。意念存於心中，心非物，但心却是萬事活動的樞機。在心中有理性，有德性，有思想，有信仰，有情感，有積習偏見，這些都不是物質，但它們對物質却有支配的力量。事雖無形無色無臭不可觸摸，但事在人心却可形成明確的觀念。不過事的觀念較物的觀念複雜多了，因爲人類對物的經驗主要是經由耳目口鼻及觸覺等器官而形成，而人類對事的經驗必須經由心官而形成，與物質可說不發生直接關係。理性、德性、思想、信仰、情感等皆爲人類行事的發動力量，其因素極其複雜，卽使當事人有時也難了解其眞正內蘊。尤其像政治革命社會變亂或經濟危機這一類的大事，其內容皆極複雜，卽使專家學者也難洞悉其底蘊，人類的經驗知識甚而學理對它們亦無用武之地。一般衆人凡民處於變動迅速而劇烈的大時代環境中，對此種巨大變動的經驗或知識可謂狹隘而膚淺，在他們的心中對大時代環境的複雜的變動能形成明晰的概念麼？例如近年全世界經濟發生嚴重萎縮現象，專家學者們對之目瞪口呆，拿不出好的解決辦法。科學家們過於重視實證的知識，因而反對直覺（intuition），他們以爲憑靠直覺去理解事物是靠不住的，何謂直覺？直覺乃是一種無需經由推理而可直接理解事物的天生能力，古今的預言家或先知者多靠直覺以預測未來要發生的事件，如能善用直覺這種天生的智性以預測事物的可能趨勢，確實是一件有益的事，直覺是一種先驗的能力，應予肯定，唯經驗論者否認先驗的理解能力，否認直覺，亦否認理性的存在，未免過於武斷。

第二章　自覺理性認知

我們在前面談到宇宙時空不能由經驗知識去理解，宇宙中有些事物可說是超感官的存在，不可由經驗知識去理解，如眞理，如上帝，如鬼神，如事物的本質，都是無有形色，視而不見，聽而不聞，摸而不得，皆非經驗知識的理解對象。人類的感官只能接觸事物的表象，不能融及事物的本體或本質，西哲康德對這個問題曾有詳盡的論述，他的結論是，人憑經驗知識不能認知事物的本體，人類果眞不能認知眞理麼？

人類有自覺理性（可簡稱理性），人類憑自覺理性可以認知眞理。直覺可說是本能，就像目能視、耳能聽一樣，直覺認知須有特定的對象，就像目視的對象是色，耳聽的對象是聲，直覺認知的對象是特定事物的未來趨向。自覺理性認知的對象是事物的本質或眞理，無須有特定事物，因爲眞理是統合的普徧的涵蓋宇宙與人生於一體的。自覺理性與直覺的最大異點是，直覺認知無須推理，而自覺理性認知必須使用推理的方法，始可認知眞理，科學也使用推理方法以求知，但二者的方向與重點不同，科學推理偏重經驗實證以求得物理，其對象爲物，是採取向外的求知方向。而理性推理或哲學推理雖亦參證經驗，但其方向是向內省察，其對象是內心，不是外物，故科學認知，不講修心養性，但哲學認知，專講修養心性，敦品勵行，旣講心體，也講心用。當然，眞理不分內外，但認知眞理的是理性，而理性存於內心，故理性認知，重內不重外。所謂重內，意卽以存心爲本，所謂不重外，並非擯除外物，而是重點在心，不在物。我們上章講人對外物的經驗知識是有限的，不能以之認知眞理。

科學講是非，不講善惡，而且科學講的是非是觀物的是非，不是做人的是非，科學知識根據對物的經驗，而理性的認知來自內驗，不是來自外驗，二者性質是絕異的。以手觸物而知其堅柔冷熱，以目視物而知其大小黑白，白馬是白的，黑馬非白馬，這是物理的是非。甲是君子，乙是小人，這是以善惡定是非，是人理的是非，孟子說是非之心人皆有之，是非之心是先驗的，是良知，先驗的知能不待學習而知，我們現在叫它爲自覺理性，自覺理性者，認知眞理的先驗之性能也。人之可貴，就在人生而具有自覺理性，禽獸無自覺理性，只遵循本能的單一軌道而生活，沒有選擇行逕的自由，人有自覺理性，有選擇行逕的自由，可以理性認知眞理，理性推理是向內省察心體，也就是向內省察心的本質，法哲笛卡兒自稱他在自心中求得上帝這一最高概念，因此他認知上帝的實體。荷蘭哲學家斯賓諾莎(Spinoza)使用實證方法向外求證上帝爲宇宙的最後原因以證明上帝存在，二哲的研究方法正好相反，正如我國王陽明講致知格物，而朱晦菴却講格物致知。但朱子雖講格物以致知，最後還是回到在求得「吾心之全體大用」，結果還是以理性認知眞理。我們聖賢無人不講存心工夫，以內驗印證眞理。孟子說「萬物皆備於我」，正是講的眞理原在吾心，不必外求，只須省察內驗卽可認知眞理。如向外求，那就等於緣木求魚，必無所得。科學求的是物理，物在外，當然要向外追求。人理或心理在內，當然要向內追求，只要了解心理，再用涵養工夫，假以時日，使心虛靜清明，作一身之主，就可使心中的雜念不盪胸中，心無滯礙，就可物來順應感而遂通，要知認知眞理的是人心理性，如失去理性，則宇宙昏暗，就難知眞理何處了，也許有人會問，人心失去理性，難道說天地萬物就會毀滅麼？孔子耶穌死了，這世界還不是好好的？理性又與世界何關？孔子耶穌是人，不是理性，如果宇宙眞理不存，則天地必歸毀滅。宇宙存在必有其原理，如果原理不存在，宇宙必不能存在。所謂眞理，也就是生命之理。人以死理求生，必不得生。人服毒能生麼？人如以服毒求生，那就是以死理求生理，那就違背生理，違背生理，也就是違背眞理。

人生可貴，就因人有自覺理性，人如失自覺理性，必淪爲禽獸。禽獸異於草木，就因爲禽獸尚有一些活動的才能與知解，如失去那些才能與知解，則禽獸必淪爲草木。草木尚有生長的生機，如失去生長的生機，則草木必淪爲糞土，人生而具理性，遵循理性就是人道，在邏輯上講，理性既是認知眞理之性，眞理包括人理與物理，故追求物理也屬於理性認知的範圍，科學認知物理，可以促進人類物質幸福，應屬於理性認知追求全體人類幸福的一部分。易學講開物成務，講研幾以通天下之志，便是講求福利人生。儒家講盡性，兼包盡人之性與盡物之性，正合福利人生之旨，易學所謂研幾，幾是什麼？幾就是自然奧秘，科學工作正是揭發自然奧秘以通天下之志以成天下之務，也就中庸所謂盡物之性的工作，後世儒者忌言功利，實在違背易學開物成務備物致用的精神，孔子贊易，言利言功之處很多。盡物之性是孔聖的話，物盡其性必造成物質福利，後人以爲研幾是專指心幾而言，忽略了研幾後面還緊接着有「成天下之務」一句。心的奧秘固須理解，自然之幾（奧秘）也須認知。認知人理，也要認知物理，這才是理性認知的正途，後世儒者只重心幾，忽視物幾，眞是不幸！朱子主張格物致知，卽物而窮其理，原有科學精神。可惜他繞了一大圈之後，又只管致知而不格物了，中庸曰：「性之德也，合內外之道也。」眞理不分內外，認知眞理應兼顧內外，這才是認知的正途，心體在內，但其用却在外，只講心體，不講心用，那就有違內外相合之義。眞理只有一個，人理是理，物理也是理，這就像天下之水一樣，古今中外的水都是水，有何差別？我們只可說，人理物理都是眞理的一部分，不可說人理是眞理而物理不是眞理，或說物理是眞理而人理不是眞理。我們在第一章討論經驗知識在認知上的局限性，無意否定知識認知的價值。人類如果能充分利用科學知識以求得眞正的物理，也正是人類理性追求眞理的重要工作。

第三章　生命眞理的辯證性

首先我們必須先來解釋一下生命眞理一辭的含義。生命哲學講的是生命，故生命卽眞理，無生命卽無眞理，此之謂生命眞理。生命是活的、動的、變的，生命眞理也是活的、動的、變的。生命眞理講的是活理，不是死理，不活、不動、不變、不化，那就不是眞理，也不是生命。因此，分說成生命與眞理二者，與合說成生命眞理，意義無何不同。此外，生命的含義也要在這裏先來解說一下。人皆知人類有生命，鳥、獸、蟲、魚也有生命，其實凡物皆有生命。草木生長固有生命，沙石泥土也有生命，因爲沙石、泥土潛存着孕育生命的力量。在人看，腐朽是死物，然而腐朽可化爲神奇，這就是生命活動的證明。世人視生死是幽明異路，是絕對的相隔相異，完全爲形象所拘，不能明瞭生命的眞正意義。

世人總以爲生命眞理是不變的，那完全是誤解。我們所以使用生命眞理一辭，目的就在提省世人眞理就是生命，生命當然是活的，活則動，動則化。生命眞理所走的路是一條活動變化的路，是一條曲折迂迴的路，中國易學講陰陽變化相反相成，便是講的生命眞理。因此，眞理的路不是直線，而是曲線。在生命活動中有陰有陽，二者相反，結果却相成，這就是生命眞理的辯證性。生命活動是有機的，其變化也是有機的。在生命活動變化中，有成有毀，有生有死，有消息，有損益，有建設，也有破壞，有去舊，也有佈新，這就形成生命新陳代謝的辯證過程。因此，我們說生命卽眞理，認識生命也就是認識眞理，生命之外無眞理，眞理之外無生命，耶穌講道說，他就是生命，他就是眞理，他就是道（I am the life, the truth and the way）。其實，道也就是生命，也就是眞理。

生命活動變化的過程確實是新陳代謝的辯證過程，其間有成有毀，有生有死，而且更重要的是，成毀生死是一體的，是同時進行的，是卽毀卽成的，是建設與破壞合一的。例如蟲蛇蛻皮始可生長，蛻皮是毀是死，生長是成是生，蛻皮是破壞除舊，成長是建設佈新。易學講損益剝復，講消息盈虛及泰否，都是講的相反相成的辯證眞理。消死而息生，損死而益生，剝死而復生，否去而泰來，故生死乃是陰陽變化的自然現象，也是生命的脫變形態，其他如蟬如蝶爲了生長皆須蛻皮，蛻皮雖是破壞，但却有利於其生命成長活動，樹木生長，時時裂皮，樹皮不裂，則樹無以生長。麥種下土，種毀而苗生，麥苗長大結種而麥亡。草木腐朽，但其腐朽可生出香菇靈芝。人皆悲死而喜生，其實生死猶如晝夜之相代，看開了，生何足歡，死何足悲，人老死而生子，子老死而生孫，生命由代謝而遞傳不窮。又如人吃東西，食物進入腸胃，必遭破壞而成營養，食物毀而營養生，然後營養毀而成體能。人事也是如此，新事物常由舊事物脫變而成。雜卦傳曰：「革，去故(舊)也；鼎，取新也」，去故所以取新，除舊所以佈新，二者相反而相成。老子曰：「禍兮，福之所依；福兮，禍之所伏。」禍福一體，相反而相成，禍中有福種，福中有禍種，否極泰來，剝極必復，損極必益，盈極必虧，這是物理，也是人理。完全出於自然，人力對之無能改變。生命運動是一種辯證的過程，這也就是眞理的運動過程，我們就叫它爲生命眞理的辯證過程。

人間是非必須使用相反相成的辯證原理始可決定。莊子曰：「彼出於是，是亦因彼。」又曰：「因是因非，因非因是。」（以上皆見齊物論）不錯，甲乙相對，甲自是而非乙，乙亦自是而非甲，則甲乙各有一是一非，如此也就成了因是因非因非因是的局面，是非仍不能決。莊子主張使用反喩方法以認知是非，他說：「以指喩指之非指，不若以非指喩指之非指也；以馬喩馬之非馬，不若以非馬喩馬之非馬也。」（見齊物論）從正面說馬非馬，不如從反面說非馬非馬。由非以知是，由惡以知善。沒有曲線的觀念，就難以認知直線，人類思維推理，很難像善射者一樣一擊中的。以理性認知眞理，是一種迂迴曲折的過程，由是非相反而認知是非之體，把握是非之體就可以決定是非，由是非之體看，是非是相對的，是中有非，非中有是，是非相反，合成一體，既合成一體，則無彼此之分，無彼此則無是非，故在一體中，就成了「是亦彼也彼一是也」的局面，在這個局面中，「彼是莫得其偶」，由相反而相合，而眞「是」定矣。因爲使用莊子的話說，

「物固有所然物固有所可」，這「所然所可」就是眞「是」。魚游鳥飛，鷄司晨，犬守夜，貓捕鼠，都是所然所可，故魚游是眞然眞可，也就是眞是，反之，魚飛鳥游就不是眞然眞可，也就是眞非。

由上所言，在自然界只有眞是，沒有眞非，這叫作「物固有所然物固有所可」，那麼，是非由何而來？是非生於人心，在人心中有了積習偏見，就使對事物的觀念發生偏差，不能代表眞正事物的性質，因而使觀念殭化老化，因而與活生生的事物脫節，這便是形成是非的根因。孟子說是非之心人皆有之，不幸，人不是全理性的動物，因而其理性活動常受積習偏見私欲妄念等影響而失去作用。孔子教人勿意勿必勿固勿我，人都有私我的心理，妄測武斷固執私見，結果就看不到眞理，看不到生命的眞正面目，看不清事物的眞象，以假爲眞，以非爲是，如此必形成「是亦一無窮非亦一無窮」之局，彼此皆自以爲是，必演成「彼亦一是非此亦一是非」，終必是非難決。莊子曰：「人之生也，固若是芒乎？」是的，不僅人的感官患有盲症，卽使人的理性也患半盲症。目盲不知色，耳盲不知聲，心盲不知理。

無論如何，人類理性要求人類求知，要求人類追求眞理及認知生命。科學家辛苦實驗以印證原理，在實驗的過程中遭遇無限困難挫折不必說了，而且實驗常常發生錯誤，錯誤自須改正，改正後又有錯誤。如此，錯誤而改正，改正而錯誤，歷經千百次之後，也許仍是一個大失敗，科學的求知已是如此艱難，哲學的又如何？哲學研究的是人理，也要兼顧物理。人的變化較物的變化更爲複雜。哲學所追求的是宇宙眞理，宇宙包括心、物、時間、空間及人物生命，故哲學的研究工作是極其艱鉅的。例如時間與空間究竟與生命有何關係？時間與物與心又有何關係？心與物又是什麼及其與生命有何關係？這些問題曾經困惑古今中外的哲學家，迄今可說沒有完全答案。在科學說，時間可以分割，空間也可以分割，而且時空二者可以分離，在哲學說，時間空間既不可分割，也不可分離，科學視時空是獨立的，但哲學却視時空麗附於生命，不能獨立於生命之外。又科學研究以物爲對象，可以不管心，但哲學研究的重點在心，不在物。

我們前面提到生命眞理具有辯證性，因爲生命的活動變化原是相反相成的有機的辯證過程，因此在生命哲學上說，心與物或時間與空間皆非絕對的獨立體，而是生命的現象，不是生命眞理的本質。舊的哲學有所謂唯心唯物之爭，其實心與物都不過是生命眞理的表現形式或現象，就像時間與空間一樣，都是生命活動的形跡，而非生命的本質。如果視心或物或時間或空間爲絕對的獨立的，那就根本違背生命的辯證性質。世人皆知物有生死損益，事有剝復泰否，這就說明事物是可變的，不是絕對的獨立的，心與物爲對待，物有形而心無形，但無形的心可以顯現爲有形的活動，就像物理學上的能量可以轉變爲質量一樣，能量無形而質量有形。而且一物可以轉化成另一物，在轉變的過程中，可以顯現心的作用。如腐朽化爲神奇，腐朽草木可以化爲香菇或靈芝，使腐朽化爲神奇的生命力量雖不可見，但其化物的效果是顯現的，觀察這種化物力量的是理性，不是耳目等器官。有時一物消逝，似乎並沒有轉化成另一物，其實，其物只是消逝於無形，但其力量仍無形而存在，我們決不可以其無形，就武斷的否認其存在。這世界無形而存在的東西太多了，我們決不可盲然否認它們的存在。至於時間與空間，二者皆可爲感官所感知的對象，都不過是顯現生命活動的形跡。在事實上說，時間或空間都是後起的，那就是說，事物的存在及其運動乃是時間或空間觀念的先決條件。例如人行大沙漠中，便失去方向感。人的空間觀念是由於物體存在，人的時間觀念是由於事物的連續性。如果沒有物體存在，則空間觀念必消逝，如果沒有事物活動的連續，則時間觀念便形消逝。因爲在人心中所有觀念必須有其對待的事物，如果沒有了事物對象，則所有觀念便形消逝，空無一物。因此，時間或空間決非如康德所言是先驗存在。只有理性、生命或眞理才是先驗存在。

第四章　生命眞理的充實性

孟子曰：「充實之謂美。」程子曰：「天下無實於理者。」我們所謂生命眞理的充實性，也就是孟子所謂充實或程子所謂實。不過我們對於充實的含義，仍須給予較詳的解釋，庶可更加明確。一般所謂充實，都是指的東西多而言，如房間東西多或人肚子中學問多等是。但我們所謂生命的充實或眞理的充實，與物無關。因此，就哲學的意義說，充實乃是指的生命充滿於宇宙，也就是時間或空間充滿了生命的意思。時間與空間原來附麗於生命，現在我們囘轉來看時間或空間充滿生命，如此則對生命意義的了解可以更落實些。故生命充實這個問題不可由形器方面看，應由超形器方面來看，才可得到正確看法，因爲它原來就是一個形而上的問題。

生命是怎樣充實的呢？由於運動。易學講太極陰陽，太極陰陽都在運動，太極是宇宙生命的根源，宇宙這個大生命的運動來自太極，是以人與物的生命皆在運動，從不間斷休歇。凡生皆動，卽使死也不過是動的另一形式。物有生死，但宇宙生命是永生的。俗言流水不腐，水不動則腐，正表示凡生皆流皆動，我們可以這樣說，生命永遠在流動，靜不過是動的另一形式，故動亦動，靜亦動，這叫動的生命哲學。

生命如薪火相傳，永無窮盡，萬物之生皆有種，代代相傳。人之生也有種，父生子，子生孫，代代相傳，物雖有生死，人雖有生死，但人物的生命却由古到今的綿延不窮，這就是生命充滿了時間。中庸曰：「誠則形，形則著，著則明，明則動，動則變，變則化。」正是說明生命的運動變化，孟子曰：「君子所過者化，所存者神，上下與天地同流。」（見盡心第十三章）莊子曰：「精神四達並流，無所不極，上際於天，下蟠於地。」（見莊子繕性）孟莊的話正是明說生命乃是一種精神，充滿天地之間，也就是充滿於空間。我們可以這樣說，時間所以連續不斷或綿延，空間所以盈滿，皆為生命的充實表現，換句話說，也皆體現了生命充實。

生命本來就是一種形而上的精神，無形質可言，但生命運動體現於人物，卽可顯現其品格或品質。古代聖賢才士對此皆有認識，現代的才士對此也有不少人有此認識。在此我們願引用現代詩人徐志摩的文字作一見證，他說：「自然最大的教訓，尤在凡物各盡其性的現象。玫瑰是玫瑰，海棠是海棠，魚是魚，鳥是鳥，野草是野草，流水是流水；各有其特性，各有其效用，各有其意義，仔細的觀察與悉心的體會的結果，不由你不感覺萬物造作之神奇，不由你不相信萬物的底裏有一致的精神流注其間。」他又說：「物之所以為物之本義在實現天賦的本性，實現內部精力所要求的特異的格調，我們生命裏所包涵的活力，也不問做宰相、做資本家、做勞動者、做國會議員、做大學教授，而只要求一種特異品格的表現，獨一的，自成一體的，不可以第二類相比稱的。」他又說：「眞純的個性是心靈的權威能夠統制與調和的身體、理智、情感、精神，種種造成人格的機能以後流露的狀態……。懂了物各盡其性的意義，再來觀察宇宙的事物，實在沒有一件東西不是美的，一葉一花是美不必說，就是毒性的蟲如蝎子如螞蟻都是美的。」（以上皆見徐志摩話一文）徐志摩說萬物底裏有一致的精神流注其間，眞是見道語，他強調物盡其性是實現天賦品性及實現內部精力要求的特異格調，只不過是心的機能自然流露的狀態。盡性是儒家的學說，人性物性只有在運動中始能盡量的表現其力量，生命像流水一樣，由古到今不斷的流動，使時間獲得充實。凡物各有特異的美姿，風吹物動，始有風姿，人的行動灑脫謂之風流，落葉飄動才美，魚游鳥飛才美，行雲流水才美。生命精神流注在萬物底裏，上下與天地同流，便使空間得到充實，充實之謂美，一點不錯。

以上是從正面討論生命的充實性，現在我們不妨從反面來看它，或許更能體會或認識生命眞理的充實性的眞正意義。程子說的「天下無實於理者」，他所謂理也就是我們講的生命眞理。生命眞理不是空空洞洞的，而是實實在在的存在。老子以無名道，無並非空無，而是實在，不過我們人類的感官不能洞察這個實在，因爲它雖是實在，却是無形無色無味的，是超感官的實在，故在人類感官中，認爲它是空無罷了。如果宇宙眞是空無，如果生命眞理不是實在，換言之，如果生命精神沒有流注在時空裏或宇宙的底裏，那眞是萬物空寂，了無生氣，天地悠悠，了無內容，那該是如何荒涼寂寞死沉的景象！卽使萬物仍存，因爲沒有精神流注其間，一片死物森森，沒有鳥鳴，沒有花香，沒有流水，沒有芳草嘉樹，鳥不飛，魚不游，風不吹，雨不飄，沒有氣息，沒有消息，上帝死，魔鬼散，如此無生意無生趣的世界，眞是不堪想像！

就以個人來說吧，如果一個人的生活不充實，他就感到寂寞無聊，人活在世間，必須做人做事讀書娛樂運動消遣，忙這忙那，不能懶散呆閒。你呆在那兒，終日無事作，無思無慮，一無奮鬥目標，心神一無寄託，這樣你的生活便是空虛，你可能懷疑自己是否實在，你的生意生趣必定完全消逝。我們可以設想，猿猴沒有精神，它們會歡騰跳擲在林間麼？老鷹沒有精神，它們會高翔勁飛在雲霄間麼？風無精神會吹麼？花無精神會開放會流香麼？天地無精神會覆載萬物麼？

總而言之，生命眞理或精神所在便是實在，實在便是充實，充實便是美，便是善。卽使時間與空間，如果沒有精神流注其間，它們也會死滅。中庸曰：「故至誠無息；不息則久；久則徵，徵則悠遠，悠遠則博厚，博厚則高明。」（見中庸第二十六章）中庸這一段話正是講的生命眞理的充實性，說明至誠的生命精神是不息的，是永遠在運動的，不息則久是說生命精神流注於時間，悠久則博厚是說生命精神流注於空間。尤有進者，凡生命精神流注的地方，個體事物不僅具有充實之美，還進一步使物與物間形成和諧的美，這和諧的美就是善了。中庸曰：「萬物竝育而不相害，道竝行而不相悖，大德川流，小德敦化。」（見中庸第三十章）你看生命眞理多麼美善，中庸這一段話把生命眞理的化育功能可說描繪的淋漓盡致了。莊子說「精神四達並流」，也正是中庸這段文字的註脚。

第五章　人類心性分析

我們在第二章談理性認知，認定理性可以認識生命眞理，也談到理性認知是一種艱巨的曲折迂迴的認識過程，人類雖有理性，但非全理性的。事實上人的行為常常犯錯，殺人放火詐騙盜取，衆暴寡，強凌弱，大欺小，富壓貧，傷親害友，鬥毆戰爭，自古及今可說這些事都是層出不窮，極爲普遍。如果說人是全理性的，這些違背理性的事何以發生？不錯，人有理性，衡諸相反相成的易理，有理性就有反理性，因此，理性的人常做出反理性的事，不足爲奇。在人心中有理性、也有反理性，情欲情緒積習偏見妄念等等，都是反理性的。人類憑藉理性認知眞理，不像如惡惡臭如好好色那般直接，也不像善射者一般一射中鵠。理性認識眞理走的是一條曲折迂迴的路。天下事相反相成，從反面認知正面，雖然繞了圈子，却不失是很有效的認知途徑。如從正面單刀直入的去認知，反而不易看清廬山眞面目。我們知道，一件事有正面，也必有反面，有順境，也必有逆境，這便是眞理。唯物論不承認心的存在，行爲主義心理學派，把人看作一架刺激反應的機器，也和唯經驗論者一樣不承認人心可以有獨立的自由的活動。行爲主義心理學派以爲人類生理決定心理，他們以爲外物刺激進入神經系統，引起神經反應，於是就有了所謂經驗，而人類由刺激與反應的通路，始可接觸或感知外物，根本否認人類理性。精神分析心理學派雖承認人類有精神活動，但却認定人類的自覺意識（self-consciousness）軟弱無力，常難有自主活動。另一方面，他們却認爲所謂情意綜（complex）及潛意識（sub-consciousness）強而有力，常常可以取代或挫敗人類的自覺意識而主宰人類行爲，漠視人類理性。我們古代聖哲承認情欲心習偏見情緒等具有制約理性的可怕力量，然而却堅持心的權威，認爲使用修心養性工夫可以克服反心或反理性的力量。大學曰：「心有所忿懥則不得其正，有所恐懼則不得其正，有所好樂則不得其正，有所憂患則不得其正。心而不在焉，視而不見，聽而不聞。」孔子曰：「操則存，舍則亡，出入無時，莫知其鄉，其心之謂與！」（孟子告子章句上）單單情緒就可以使心失正或甚至失踪，再加上其他反心的力量如情欲偏見等，則人心處境之危可知。舜授禹心法有人心惟危一句，可見古代聖賢哲人早已認知反心的力量之可怕，然而我國古代哲人確認理性，這是無可置疑的。

一般人在心中很難避免積習，就像各人生活習慣一樣，心習常常妨礙觀念的自由活動，而且積習牢固之時，幾與偏見無異。生命活動或理性活動的價值最需自由，如受積習或偏見的阻礙，就不能暢快活動，必引起認識的偏差，因而使其失去準確度，如此就難以看清眞理的或生命的本質眞象。理性如不受任何阻礙，確然可以認知眞理。孟子曰：「權然後知輕重，度然後知長短；物皆然，心爲甚。」物之輕重可以權知，物之長短可以度定，眞理則可以心衡量，也就是以理性認知。雖然古代聖哲未曾使用理性一辭，事實上他們所謂心或心官，就是我們現在講的理性。爲什麼我們不使用心而使用理性呢？因爲心中固有理性，但人心除理性外還有德性以及其他反理性的因素，如情欲情緒偏見妄念等便是。心習有時可以有助於認知，然而積習一久，就成了思想的偷懶，就容易與活潑的生命脫節，故習慣殭化是有害於認知的。習慣殭化，必不能適應新的情況，致使心靈活動不能物來而順應或感而遂通。愛因斯坦勸人少讀書多思考，因爲讀書多就容易養成思想的懶惰毛病，一個人一旦犯上了思想偷懶，就容易接受別人的成見，而不願自由思考，因而失去主動的思考力，這是很危險的。人心內在的情況是多變的，而外物的情況也是多變的，但心中積習却使人的心態拘泥於舊的既成的內外環境情況，而無視於新的情況變化，那就難於認知眞理了。

至於偏見，比積習更可怕更有害於認知。人心中如有偏見，不僅妨礙心官活動，而且可以視是爲非或視非爲是，使人完全看不見眞理。偏見乃是牢固的心習所產生的一種錯誤觀念，阻礙理性活動，使之與內心的活動及外物的活動發生隔閡，或竟導致理性的眼睛看向偏處，因而使其看不清眞理面目，或甚而使理性的眼睛撩亂，視非爲是。理性活動最貴自由，如果一個人心中滿是偏見，那麼，這個人心中的思想觀念就難於自由活動，這時觀念受拘於舊事物，就難適應新事物的活生生的情況，就成了偏見。作者自己可以作一見證人，以說明偏見如何是一種錯誤觀念。作者自幼就生長在中國大陸北方的一個農村社會，當時的女孩子從小小年紀就必須纏足，如能把脚纏成所謂三寸金蓮，最爲標準。在那個時代，一個女孩如果不纏足或纏足不徹底，就成了所謂大脚姑娘，那她的婚姻就很有問題了，因爲鄉人不論老幼都喜見小脚姑娘。年輕男子結婚，就怕娶一位大脚姑娘，卽使大脚姑娘長相很美，也很難找到如意郎君。作者自幼見慣小脚，也認爲小脚是美的，大脚是醜的。這種在舊社會養成的審美觀念，原來很適合當時的農業社會生活。後來因日本侵華，作者離鄉遠行，到了南方，看到的多是大脚姑娘，總感其醜。當然，後來作者見慣了天足，就改變小脚美的觀念。由此可知，人的偏見或錯誤觀念是可改變的，但需要時日，短時不易改正，其他任何一種觀念皆可作如此觀察，時代環境改變了，人類的觀念必須隨之改變，否則的話，觀念與其所代表的事物脫節，就成了殭化的死觀念，仍然固執殭死的觀念，必形成不能適應環境的問題。環境情況改變，觀念亦須隨時改變以適應之，就不發生偏見問題。天下沒有絕對的是非，是非是相對的，是可隨時改變的，今是而昨非或昨是而今非的事，可說不勝其數。人類的價值觀念，都可隨時改變。女人穿着樣式常在改變，去年流行的式樣未必於今年流行，去年的舊式樣也許成了今年的新式樣而流行起來了，其間有什麼是非道理可言？易學講時行時止，也就是莊生所謂應時而變。新事物新環境需要有與其相應的新觀念新思想，這可說是事有必至理有固然，這也是生命眞理的要求。以前好的制度，時過境遷，未必適合現況，可能變爲不好的制度。以前的行事可能是對的，如今同樣的行事可能是錯的。莊子曰：「夫水行莫如用舟，陸行莫如用車，以舟可行於水也，而求推之於陸，則沒世不行尋常。古今非水陸與？周魯非舟車與？今蘄行周於魯，是又推舟於陸也。」（莊子天運）又曰：「帝王殊禪，三代殊繼，差其時，逆其俗，謂之簒天。」又曰：「堯舜讓而帝，之噲讓而絕。湯武爭而王，白公爭而滅。由此觀之，爭讓之禮，堯舜之行，貴賤有時，未可以爲常也。」（以上分見莊子秋水與盜跖）時代與環境不同，欲推行周制於魯，當然行不通，堯舜讓而帝，之噲讓而絕，湯武爭而王，楚之白公爭而亡。同是爭同是讓，結果却恰好相反，是非如何決定？唯有時代環境可以決定。應乎時代環境的要求而行事就對，否則就錯了。

現在再談欲望，人生而有欲，欲出於天是很明白的，正常的人生原離不開欲望。孟子曰：「可欲之謂善」，孟子簡直在贊欲了。孔子也說富貴是人之所欲，不過求富貴要有道罷了。男女飲食之欲，雖聖賢亦何能免？男女之欲關乎種族延續至大，飲食之欲有關人生健康，也不可說是小事。人類欲望種類至多，有的簡單，有的複雜，有的是物質欲望，有的是精神欲望。就欲望本身言，無所謂善惡。就現代人看，欲望實乃人羣進化的一種動力，故現代各文明國家政府施政，也大多着意於滿足其人民欲望。但欲望都是私的，有些私欲如權力欲，如任其活動而不加抑制，對人羣會演成極大悲劇。在歷史上看如秦始皇、希特勒、史太林、毛澤東等人，都由於過度發展其權力欲及為了保持其權力而大規模屠殺人民。據統計希特勒殺人四千萬，毛澤東殺人六千餘萬。蘇俄的史太林政權以及毛澤東政權不僅屠其人民，並進而發動清算運動，其共患難的最高幹部共產黨員也多受屠殺，其行幾近瘋狂，說穿了都是權力欲在作祟。故欲望有時對於人類理性妨害極深，甚至有時可以使人失去理性，迫人瘋狂。後世儒者如宋儒、明儒視人欲爲私欲，妨害天理，雖然不無道理，未免偏激。蓋欲望既是天生的，實不可以善惡論。我們可說除惡務盡，但我們不可說除欲務盡。我們只可講修心養性以克欲，決不可輕言除欲務盡，合禮的滿足欲望，勿寧說是人類發展及進步的要件，而欲望本身實爲社會進化的一種動力，這才是對欲望的正確認識。

思想與信仰二者性質雖不同，但卻有密切關係。根本說來，思想是理性的產物，而信仰是直覺的產物。思想具有思維推理與知識的基礎，而信仰的基礎在直覺，無須知識或推理。例如宗教信仰，一個人相信上帝存在，這不是知識推理的問題，上帝存在與否不能由科學推理決定，人類憑直覺認知上帝。在另一方面說，思想可以產生信仰，但思想信仰與宗教信仰性質有異，故其所發動的運動方向亦不同。思想信仰常走向政治社會或革命等運動，而宗教信仰應走向和平運動的方向。思想信仰的對象是主義思想，而宗教信仰要求精神改革以拯救靈魂，其對象是上帝。思想信仰要求各種制度的改革以謀羣衆福利，與上帝了無關係，不過思想信仰與宗教信仰都與人心脫不了關係。思想不一定正確，因此可產生盲信，而由直覺所產生的宗教信仰可能走向迷信。盲信與迷信都違背理性，都富有危險性。世界上有很多宗教信仰實在都是迷信，因之其教徒由迷信所生的狂熱，常使其失去直覺。例如伊朗的回教徒極端狂熱，結果走向政治革命之途，貽害無窮，在中古的歐洲，屢起宗教戰爭，歷時甚久，信徒們狂熱而殘酷的屠殺異教徒，完全缺少寬容的精神。在中國歷史上，狂熱的宗教信徒也常發動及參與革命戰爭。在唐代東漢及清代都曾發生過宗教性質的暴動或戰爭。在近代，共產主義思想氾濫，大陸淪陷前後，一片共產革命狂熱，結果演成一場史無前例的大悲劇。因此思想信仰如成盲信或宗教信仰如成迷信，必使信徒失去理性或直覺，走向狂熱暴亂一途，必定釀成巨大的人羣災害。

我們以上所討論的積習偏見情欲思想信仰等都是構成人心的要素，留待討論的一個特殊因素——想像，想像就像宗教信仰一樣出於直覺，它與觀念不同，觀念有物爲對象，故觀念不可離物，但想像不必以物爲對象，它可以獨立於物外而自由活動，它旣出於直覺，故無須於思維推理，它的活動不講邏輯，我們看到花明水秀，感到它們很美，其實外物美與不美，完全出於主觀想像，故美是想像的產物。有想像則物無不美，鳥美、花美、沙也美。山美、水美、草也美。美感是絕對的主觀，美在想像，不在外物。莊子秋水篇中載一寓言故事，很有趣味，曰：「陽子之宋，宿於逆旅，逆旅人有妾二人，其一人美，其一人惡，惡者貴而美者賤，陽子問其故，逆旅小子對曰：「其美者自美，吾不知其美也，其惡者自惡，吾不知其惡也。」美惡沒有絕對標準，在想像中，萬物皆美。像寓言中的逆旅小子，對其二妾，不知美惡，證明那小子一無主觀想像，結果二妾美惡對他就毫無差別。在想像中，醜者可變爲美，醜八怪可成天仙。俗話說情人眼裏出西施，一點不錯，看花人如無想像，則花失其美，如有想像，則野草也是美的。想像是藝術文學音樂的要件，所有藝文作品如文品、詩品、雕刻品、畫品，皆出於想像。沒有想像力的人難成藝術家、詩人或其他作家，即使研究哲學或科學，也需有想像力。愛因斯坦是科學家，也是哲學家，與其說他的相對論是出於思維推理，勿寧說是出於他的想像力。不錯，相對論使用複雜的艱深數學公式以解說其原理。但天地間並無任何與其相應的實物存在，純數學絕對導演不出相對論。相對論是一種思想，是科學的，也是哲學的，人說想像恐怖，想像本身便是恐怖的原因。想像製造恐怖，不寒可以發慄，草木可以皆兵。古人說天外有天，這話出於想像，並非根據經驗而來，但現代的天文學及物理學證明了天外確實有天，故想像乃是一切學術或藝術的推動力量。

最後在人心中尚存有德性，不過德性管實踐，不管認識眞理，認識眞理這一工作要由理性負擔，理性或德性皆爲人類心性的一部分。孟子主張性善，乃是指的理性德性，理性或德性有善而無惡，荀子主張性惡是指的情欲而言。其實，理性、德性及情欲皆出於天或自然，自然不可以善惡論，不過，如觀察德性活動，其結果常爲善，如觀察情欲活動，其結果有時爲惡，如此而已，古人爲學，不大講邏輯，沒有把大前提講說清楚，相信孟、荀如果把德性與情欲這個大前提分清楚，就不會有性善、性惡之爭辯了。程伊川曰：「孔子言性，是氣質之性，孟子言性，是義理之性」，話說的不錯，荀子言性，即氣質之性。

第六章　宇宙心性分析

我們在前一章專對人類心性加以分析討論，然而人的心性出於天，出於自然，如果只是注意人心人性而忽視天心天性，如此講說生命眞理，是不完全的，宇宙生命是一個大生命，人的生命離不開這個宇宙大生命，雖然人的生命是這個大生命的最重要一環，但人的生命却以宇宙生命爲其本源。因此我們由宇宙來看人物心性，自然具有更深的意義。

我國古代聖哲談心，常常與性或命連在一起，如說心性或性命，有時將心與情與性連在一起，如說心情性情或情性。西洋稱性爲 nature，稱心爲 heart 或 mind，皆與中國所謂心不相當。西人所謂 destiny, fate 或 fortune 三字也與中國所謂命不相當，至於中文情字，西文近似者則有 feeling, passion, sentiment

及 emotion 等以應之。喜、怒、哀、懼、愛、惡、欲古稱七情，足見情之一字含義複雜，孟子視惡爲羞惡之心，視愛爲仁愛或憐憫之心。程子視情爲性之動。荀子視性情爲欲，與心爲對待。古人既將性情、性命、心情並稱，或甚而如莊子稱曰：「性命之情」，那麼，它們的性質到底如何？人云草木有性而無情。飲食男女是性，不是情，性情固有其異。通常所謂七情，喜、怒、哀三者爲情感，懼則爲情緒，不可視爲情感，至於愛、惡、欲三者，與其稱之爲情，勿寧稱之爲性，較爲妥當。我們說愛心、惡心，不宜說喜心、怒心。我們說是非之心，不宜說是非之性，可見心與性是有分別的，我們說驚喜，驚是情緒，不是情感。又如恐怖、興奮、焦慮、驚慌等，皆指情緒而言，不可視爲情感，因此，情感與情緒必須分開。不過喜、怒、哀三者雖爲情感，但亦附有情緒，愛、恨、欲三者，與情緒似無任何關係。其中愛、恨出於情，而欲却出於性，欲與情似乎毫無關係。廣義的說，心、性、情、欲四者皆出於天，也就是出於自然，也可統稱爲天命或性命，天命或性命不可更易，孔、孟、老莊對此皆無異辭，卽他們皆認定如此。

用我們現代的語言說，天性人性都是性，皆宇宙之性，自然之性不可更改。但就性的品質結構說，理性最高，德性次之，情性又次之，最下者爲欲性，而心則是四性的統稱共名，即心包涵着理性、德性、情性及欲性。因此，我們可以說，心外無性，心外無情，心外無欲。不過，四性的作用不同。理性乃心官的主要功能，它的功能在認知生命眞理。德性的作用在實現人之所以爲人或物之所以爲物的特異品格。情性乃人對人或物對物的感應，其作用在充實及溝通生命活力。欲性的作用在滿足生命的需要。

孔子的門徒子貢說夫子的文章可得而聞，但夫子的講說性與天道不可得而聞。孔子的高材生顏回則說夫子所講的道，恍惚的難以捉摸鑽仰，莫測高深。生命眞理是形而上的超感覺的，因之，它雖是實在，一般人對之却甚感玄妙。人心難測，天心更是「微」妙難知。本書第一篇先講認識論，先對人性人心加以分析，乃是根據認識生命眞理的自然層次，眞是無可如何的一件事。那也就是說，先由形而下的形器世界開始，庶可逐步提昇認識的層次，然後才可觸及微妙的宇宙生命的眞理本體。由宇宙看天地人物，蟲魚、草木、沙石、泥土皆有其性命，也就是各有其生命，而它們在宇宙中皆表現出其特異的生命品格。沙石閃灼發光便是生命消息的透露，落葉也表現了飄動的生命美。人看落葉，或興遐思，或懷悲涼，便是生命一體的自然感應。誰說草木無心？誰說沙石無心？凡物皆在其內部底裏潛藏着天心或生命之機。物各有其性，物各有其心。人有人性，人有人心，物有物性，物有物機，這物機就是天機天心，故人心物心皆是天心，人性物性皆是天性。宇宙一心，宇宙一性，故曰：性無二，心無二。宇宙的心性與人物的心性是相通的，人皆知動物也有欲性情性及本能才幹。禽獸有求偶傳代的欲性，有撫愛其幼小的愛心，有建巢築窩的才華。禽獸對其生活環境也具某些程度的知解，這些都是不可否認的事實。人云草木無情，其實草木也有情性欲性，只是其表現的方式有異罷了。草木有雌雄花蕊，生育種子，傳續後代。草木有向陽性生長性，甚而有生長的意志。草木生長的力量可以穿石，這便說明草木的生長欲性極強，其實草木的向陽性也可說是其欲性。至於花蕊分雌雄生育種子傳續後代，也正是其有情的表現，雌雄不就是男女麼？生育種子不就是養子育孫麼？只是草木表現情性或情欲的方式不同於人類罷了。至於禽獸有求偶求愛之事，見於形色，不必說了。禽獸也有喜、怒、哀、懼、愛、惡等情性，而且表現明顯，可見於形色。動物嬉戲乃常見之事，禽獸也鬧情緒。牛羊被殺時可聞悲鳴聲，而且牛於被宰時，可以流淚，牛羣馬羣因受驚而奔騰，牛仔皆知，動物求愛，行動花樣極多。俗云兎死狐悲，決非空言，實有其事。禽獸爲保護其幼小而犧牲自已性命的事也屬實事。由上可知，禽獸具有德性情性、欲性以及其行動表現較草木更屬明顯。其他如蟲魚的欲性如求偶如飲食如傳續後代，也表現的有聲有色。據科學家研究，卽使是樹，於受蟲害之後，會發出化學氣味，將其傳達給其他隣近的樹，而隣近的樹於接受氣味後，可以作預防蟲害的準備。至於鳥獸能以聲音或動作傳達消息，早有科學觀察記錄。這些事皆可說明鳥獸、蟲魚甚至植物有情性溝通或精神默契，也說明宇宙生命的一體共鳴及人性物性的共通。人常說壯烈的行事可以驚天地動鬼神或誠能動物，這些話決非空言，宇宙生命或精神是通的，人物生命一體，一髮可以動全體，乃是生命的自然感應。誠是什麼？誠就眞心、眞性、眞情或眞生命，生命是活的動的，四達並流，充塞天地之間，也充塞古今。

我們可以觀察人與物的生活，他們或它們餓了需要補充營養，倦了需要休息，在工作的時候勤奮工作，卽使植物也要工作如忙着吸收日光製造葉綠素等。在他們或它們的生活中常有成功，也常有挫折失敗，有生長、有疾病、有衰老、有死亡。也許你懷疑，石頭也有生老病死麼？是的，石頭也有出生。石頭風化水化，那就是石頭的病老，山石變土，那就是山石的死滅。物的消滅或死滅與人的死亡雖有不同，但其意義無何不同，人死後還不是一樣變土？人屍腐化與石頭風化腐蝕的意義有何不同？萬物與人一樣有生死，這便是生命透露出的消息，這便顯示了宇宙生命的共通性。人物生死，都是自然現象。生死不可以爲僞，生死是順應自然的大事，逆性而生，逆性而死，就是爲僞。人喜就歡呼，死則悲痛，物喜則欣欣向榮，死則殘敗淒涼。人男女長大了就結婚生子，物成熟了就開花結果，唯生命、唯眞、唯性、唯情，不可以爲僞。逆情逆性就是爲僞。人爲爲僞，性情爲誠，人爲爲僞是不自然的，至誠性情是自然的，誠是生命的底裏，僞是生命的表象，荀子主性惡，主張禮以積僞，以積僞爲善，以性情爲惡，殊違儒家誠學精神。中庸曰：「誠者，天之道也；誠之者，人之道也。」（見中庸第二十章）又曰：「自誠明，謂之性，自明誠，謂之教。」（見中庸第二十一章）中庸說的很清楚，誠就是性，是天道，今荀子主張積僞，以人道滅天道，眞是名符其實的「僞」學。以禮摧毀人性，等於摧毀生命。莊子曰：「禮者，俗之所爲；眞者，所受於天也，自然不可易也。故聖人法天貴眞，不拘於俗。」（莊子漁父）眞性眞情出於自然，不可更易，故聖人貴眞性眞情，莊子明言法天貴眞，正合易學法天法象之旨，若說傳易者爲儒的話，莊子才是眞儒，荀子竟成僞儒了。

儒家倡導禮樂運動，並非教人爲僞。禮樂須根據性情而製訂，禮樂表達性情才是眞正的人爲。天地有節，萬物有和，宇宙生命的活動是有其自然節奏的。了解自然的生命節奏，所以人能製訂禮樂，禮以和性，樂以和情，就可使人生更加美好，使人生更接近自然生命的眞善美。性情貴眞，逆性矯情是令人痛苦的事。孔子曰：「誠者，物之終始，不誠無物。」（中庸第二十五章）誠就是性情，就是生命，人與物如無生命，就是無物，就是空虛。宇宙如無生命，則宇宙也成了無物，就成了一個大空虛。禮樂的最大作用，就在發揚德性，發舒情性，其次要的作用在節制欲性。大學講明明德，中庸講情發中節，講致中和育萬物，就是講的發揚德性及發舒情性的教育，是積極的禮樂意義，而其消極的意義是節制情欲，推動禮樂運動的原動力是理性，換句話說，理性認知生命眞理，認知德性、情性、欲性，始可成功的推動禮樂運動。

我們千萬不可誤解儒家的禮樂運動是純粹的人生運動，更重要的，它也是一種發揚宇宙生命的運動。中庸講的很清楚，致中和的目的在天地位萬物育。說具體一點，禮樂運動是教人盡己性盡物性，教人行動要遵循自然生命的節奏規律，用莊子的話說，教人「任性命之情」。風聲、雨聲、海濤聲、江水聲、蟲鳴聲、鳥鳴聲，便是自然的樂章。悲痛而泣，歡樂而號，便是至情的流露。泣號之不足，益以舞手蹈足，便表現了生命的節奏。浮雲使遊子興歎，漂萍使孤子悲涼，便表現宇宙生命的感應共鳴。萬物皆有生命精神流注其間，皆有其特異的個性表現，人盡其性，物盡其性，萬品殊相，在紛然雜然的活動中，却有嚴整的秩序與嚴密的系統，天地和，萬物育，表現了宇宙生命大禮至樂。

不幸，人類是半理性的動物，復加人類智慧特高，欲性特強，反而使人生憂患特深。根據易學相反相成的原理來講，除去智慧及欲性的特出因素，人生也和其他生物一樣充滿憂患，在自然界生存的鳥獸、蟲魚甚至植物，它們的生活也充滿危險傷害。鳥獸、蟲魚常遭受病痛災害以及互相殘殺，強凌弱，衆暴寡，大吃小，這類的事可說常在發生。卽使植物生存也常遭遇暴風雨的摧殘及旱澇危害。自然界生態變動，有時發生食料供給短缺，禽獸也須流亡覓食。至於短期而強度甚烈的災難如大地震如暴風雪或暴雨洪水，對禽獸及生物也可造成大的災害。人類呢，除了自然災害外，還加上人爲災害，如戰爭如人爲的環境汚染如階級迫害如暴政迫害如敵國侵掠，這些都是大規模的人爲災害。如今人類智慧竟發明核子武器，使人類面臨滅絕的危險。人類的情感欲望的活動，常如野馬狂走奔騰，不受節制。情欲堤防一旦破裂，則情欲猶如洪水一般橫流猛衝，又像野火一般橫燒，必然造成災害。人類知識原是有限的不完全的，也被誤用而形成知識災害，如製造害人的工具，如制訂錯誤的政策及其措施，都可成人爲的災害。人類訂立種種制度，原可促進人生的福利，然而制度常易殭化，因而形成制度災害。人類的信仰常容易走向盲信或迷信，皆可給人類帶來極大傷害。人類的主義思想也常犯錯誤，例如共產主義、納粹主義，給人類生存帶來更大的危害災難。由上所言，可知人類社會生活較自然界動植生物的生活，更多了一個人爲災難，人爲憂患較自然憂患更深。故人類除了承受自然的憂患災難及危險外，尚須承受人爲的憂患災難及危險。

人類既是半理性的動物，故人生憂患災難及危險不可免，在憂患災難及危險中，人類可以洞悉天心天性或認知宇宙心性，而宇宙心性體現於人心人性或物心物性。雖然人不是全理性的動物，雖然宇宙生命眞理難明，雖然理性認知的途徑曲折而迂廻，但人類畢竟有自覺理性，無論如何艱鉅，這份認知眞理的責任是推卸不掉的。因爲物性中雖亦有理性，但非自覺理性，因而它們不能自覺的省察眞理。

第二篇　本體論

第一章　有形與無形

宇宙可分有形與無形兩部分，有形的宇宙是物質宇宙，無形的宇宙是精神宇宙。有形的物質宇宙，見於形、色、聲、味，是可見可聞可觸的，而無形的精神宇宙，無有形、色、聲、味，是不可見聞觸摸的，因此，它不是感官的對象，它潛存於物質宇宙的底裹，乃是理性認知的對象。

不管人或物，皆有有形與無形兩面。人有物質的肉體，是其有形的一面，人有精神或生命，是其無形的一面。動物植物或微如泥土，都有有形與無形兩面。

在人的感覺意識中，泥沙似乎沒有生命或精神，只是物質而已。不過，我們如果以理性認知，就知道有一股生命精神潛存在泥沙底裏，可以孕育難以數計的生物生命，便感知沙的閃灼光彩透露了生命的消息。

無形的生命精神不受時空限制，雖然有形的宇宙可以隨時隨地而改變，或甚至其一部分歸於消滅。中國易學講的太極乃是宇宙生命的根源，老子則稱此根源爲無極或道。老子曰：「道可道，非常道；名可名，非常名。」老子所謂道就是生命眞理，生命眞理無有形色聲味，不可以語言文字解說。老子把生命眞理分成有與無兩部分，有相當於有形的宇宙，無相當於無形的宇宙，他說：「無，名天地之始；有，名萬物之母。故常無，欲以觀其妙；常有，欲以觀其徼，此兩者同出而異名。」（以上皆見老子上篇第一章）老子說得很明白，無與有同出而異名，也就是同一宇宙的兩面——無形宇宙與有形宇宙。有形宇宙有形色、聲味、硬度等，是可見、可聞、可觸的，也就是老子所謂徼。無形宇宙是形而上的精神，不可聞見觸摸，也就是老子所謂妙。無形的精神宇宙才是生命的本體，老子曰：

「天下萬物生於有，有生於無。」（老子第四十章）莊子曰：「有形生於無形。」話說的更明白，天地萬物是有形的宇宙，然而它們却生於無形的宇宙。易曰：「大哉乾元，萬物資始；大哉坤元，萬物資生。」這乾元坤元正是老子所謂有與無，太極生陰生陽，而陰陽運轉以生天地萬物。莊子曰：「至陰肅肅，至陽赫赫，肅肅出於天，赫赫發乎地，交通成和（卽易繫辭上傳所謂天地絪縕男女構精），而物生焉（卽易繫辭上傳所謂萬物化醇萬物化生），或爲之紀，而莫見其形，消息盈虛，一晦一明，日改月化，日有所爲，而莫見其功，生有所乎萌，死有所乎歸，終始相反乎無端，而莫知其窮。」（莊子田子方）以上莊子一段文字把有形的物質宇宙生於無形的精神宇宙描繪的可謂淋漓盡致了。

西洋哲學家絕大多數偏重知識論，重視感官經驗的唯經驗論不必說了，卽使以推理爲主的所謂理性學派，他們的認識論也多從有形的宇宙去探求宇宙本體，很難找到生命眞理。康德雖認爲宇宙時空是先驗的，然而他又認爲宇宙時空是獲得知識的要件，這樣就把宇宙時空與經驗時空混而爲一了。須知宇宙時空是無限的，決非求取知識的要件。人類對有形宇宙的時空觀念才是知識的要件，因爲哲學的時空與科學的時空二者性質根本不同，哲學的時空二者不可分割，也不可分離，而科學的時空不僅可以分割，也可以分離。無形宇宙的時空，無古無今，甚至使用縱的連續觀念與橫的擴展觀念，皆不妥當，因爲它無始無終，何來繼續？它無邊無際，何來擴展？這和數學時間與幾何空間，毫無關係。數學時間可以計算，幾何空間也可以計算，如果時間無限或空間無限，如何計算？說明白些，宇宙生命根本不受時間限制，也不受空間限制，它是絕對的自由自在，時空可以限制有形之物，生命眞理無有形體，自然不受時空限制。

第二章　有限與無限

我們中國人常講天地，天廣地厚，二者對稱，天與地都是有限之物，皆指有形宇宙而言。在古代哲人的天地觀念中，天圓而地方，朱子解易卦方位圖曰：「圓於外者爲陽，方於中者爲陰，圓者動而爲天，方者靜而爲地。」（周易本義）這天圓地方天動地靜的觀念，當然是錯誤的。事實却是，天無形體而地球是圓形，而且地球有運轉。無論如何，旣認天圓地方，可見在古人心目中，天地是有形之物，有形卽有限，天地指的是有形有限的宇宙。天地旣有限，那麼，存於天地之間的人類及萬物，雖其品類繁多，不可勝數，當然也是有限的。古人缺少太空知識，因此，他們的天地空間是狹小的，不足爲怪。現代人對宇宙空間的知識雖然增加了，我們對宇宙空間仍無明確的觀念，至於宇宙時間，我國古代哲人以「古今往來」稱宙，實在含義不清，試問往古的時間到底多長？幾千年幾萬年幾億年？說眞的，以人類的經驗及知識之有限，對宇宙時空根本難以得到一個明確觀念。事物存在，有其縱性，亦有其橫性。縱性使事物活動成連續狀態，橫性使事物活動成擴散狀態。人事活動亦有其縱性及橫性。一件事有始點與終點，不論其始終兩點之間的距離長短如何，其距離就是經驗時間之根源。事有範圍及發生地點，就形成事的橫面，物有體積大小，就形成物之橫面。我們說事物必有處所，這處所就是經驗空間。但經驗時空只不過是事物在感官中留下的印象，而此種印象不像攝影照相，凡印象都是主觀的，而且有時模糊不清。於是人類就運用思維推理，將經驗加以綜合整理，使之有明確的觀念系統。例如制訂時間單位如秒、分、時、日等以測量物之縱性活動，也制訂空間單位如尺寸等以測量物之長短高低，此外尚制訂各種測量儀器以測量物之體積密度重量等等。故數學時間及幾何空間完全出於人造，與物之縱性與橫性可說毫無關係。

牛頓物理學的時間與空間是可分離的，到了愛因斯坦創出相對論，把時間與空間結合起來，就使物理學具有哲學性質了，舊物理學以靜的時空處理物體運動，新物理學却以動的時空來處理物體運動，因此，相對論的時空不僅不可分離，而且是可變的，世人常稱四度空間，因爲物體除了長寬高三度空間外，再加上時間，就成了所謂四度空間，其實時間與空間二者性質迥異，視時間爲空間，根本錯誤。不錯，物有橫性，物體運動或生長與其橫性不可分，在人的經驗中，物之縱面與橫面皆是有限的，今相對論加上時間以解說物體運動的時空整合性，固是物理學說的一大突破，但視時間爲四度空間，實有未妥，時間本身無處所，有縱而無橫，如視其爲橫，徒增混淆，我們以前談到過，哲學上的時空，既不可分割，也不可分離，生命的運動變化，與時空毫無關涉，人類的感官功能有限，故感官經驗或知識亦有限，經驗時空也有限，但宇宙時空是無限的，宇宙時空不是感官的對象，宇宙固有其縱性與橫性，然而只是性而已，萬物之縱性與橫性來自宇宙生命，不過物之縱性與橫性的活動表現於有形，始爲人所感知而已。

就人的感覺看，物性好像是有限的，其實物性是無限的，因爲物性來自宇宙性，宇宙性是無限的，所以物具有無限性，此乃由理性所認知。宇宙之性只是一，物之多性，乃宇宙之性使然，物有體積，大小各異，但宇宙無體積，不可以大小論，因爲它是無限的，由理性看，整體與部分有其一致性，有限爲無限的構成部分，人類感官只能感到其有限部分，但却不能感知其全體，就像瞎子摸象，你不可因爲只摸到象尾或象頭或任何一部分，就否認大象整體的存在。你只看到物有生死，生與死都是無限生命的一部分，如果你看到生或死的部分，就以部分否定全體，認爲無限生命不存在，那就是盲目武斷。同理，物體的重量密度硬度彩色者皆出於自然，也許除了這些性質以外，物體尙有其他諸多性質，爲人類所未感知。莊子有一則寓言說，接輿告訴肩吾說，藐射姑山上有一神人，肌膚若冰雪，綽約若處子，不食五穀，吸風飲露，能乘雲氣以遊四海之外。肩吾聽後不信，以接輿之言爲狂，後來肩吾又把此事講給連叔聽，連叔聽了之後，却說接輿是對的，連叔告訴肩吾說，瞎子不知文章之美，聾子不知聲音之美，人的形骸感官也有聾盲。這雖是一則寓言故事，却可說明以有限部分否定無限全部是危險的，人類不可憑有限的感官所知去否定其所不知的無限生命。坐井而觀天，以爲天小，那就是形骸聾盲，人智有限，那無異是智盲。中國古代聖哲多言鬼神存在，朱子說神是陽之申，鬼是陰之申，以陰陽解釋鬼神，很合科學，鬼神無形色，不可聞見。天地間不可聞見的事物太多了，我們不可武斷的否定牠們存在。宇宙有無限奧秘，有些奧秘已爲科學發現，但未被發現的奧秘，事實上是存在的。那麼，所有未被發現的奧秘必定潛伏於無形，有待發現。但這些只是有形宇宙奧秘，科學家對無形無限的宇宙生命奧秘，却無用力處所。

凡物都是有限的，也都是特殊的，與特殊對待的是普偏，生命眞理不是物，故無殊相，不可以特殊形容，孔子講正名，老子講制名，中國古代有惠施公孫龍墨子等名學家，近代西洋則有穆爾羅素等名學家，物有別名，有共名，馬牛羊皆爲別名，獸則爲其共名。因此，鳥爲鷄雉鷹等的共名，草木都是共名。物以類聚，凡物形性相同，卽可有一共名，人也是共名，雖然人有君子小人或白人黑人之分。名學常說殺盜非殺人或白馬非馬，那是詭辯。盜也是人，白馬也是馬。莊子曰：「名者，實之賓也。」制名以實爲主，名爲賓，應從主。實卽物之形性，盜具人之形性，雖爲盜，仍是人。白馬具有馬之形性，並不因其色白而非馬，世有白人黑人黃人紅人，皆具人之形性，並不因其膚色爲何而非人，如以有色爲非馬非人，則世間無馬無人矣。荀子正名，他以爲物乃大共名，鳥獸是大別名。名可共之又共，也可別之又別，直到不能共不能別而後已。鳥獸蟲魚草木皆是別之又別的大別名。鳥獸蟲魚草木皆是物，故物乃是共之又共的大共名，但人限於聞見，知識有限，也許可別或可共之物尙有諸多遺漏，人類對於少見而有害之物，常以妖怪名之。不過有形有限的萬事萬物都可有別名共名，因爲牠們是有限有形，卽具有特殊之形性，然而牠們仍爲無名的大宇宙之一部分，故各物之特殊性乃源於宇宙的普偏性。

無形無限故無名，因其具有普偏性，故宇宙乃是物之最後大共名，這個大共名，包括萬有，也包括萬無，萬有有形而萬無無形，萬有有限而萬無無限，人類經驗知識及智慧不足以了解這個無形無限的宇宙生命，但人類理性可以認知它的普偏性，天地人物皆具有相反相成的運動力量，動之反爲靜，故陰陽動靜是普偏性，所有事物皆有縱性或橫性，也就是時間性或空間性，故時間或空間乃是宇宙普偏性的表現，事物皆有形色，可以感知，故形色具有普偏性，事物皆有生滅，故生滅具有普偏性，事物皆有限，故有限具有普偏性，天下沒有孤立的事物，事物間皆有關聯，互相牽扯，故關聯具有普偏性，物的活動皆受限制，皆不能自在自由，故不自由具有普偏性。

由上所言，由理性認知可以使我們了解萬物具有共同的特點有陰陽、動靜、時間、空間、有形、有限、生滅、關聯、不自由，這些特點之爲事物所共有，就說明宇宙的普偏性質，而這一普偏性與其無限性相通，那也就是說，普偏性來自無限性，有形有限的萬有來自無限。感官所感知的或經驗知識所觸及的或智力推理所及的是有限的萬有或有形的宇宙，只有理性才可不受經驗知識的限制而認知無形的生命本體，確認有形有限的宇宙與無形無限的宇宙是一體的。易學講太極，太極就是生命眞理，無事無物不有太極，太極不可見，它就是生命本體，流注於宇宙萬物的底裏，使萬有的活動各適其性，因而使萬有有和諧的秩序與嚴密的系統，對這個大和諧大秩序，老子稱之爲天網，中庸稱之爲天地位萬物育。

第三章　自然與必然

世人皆知，西洋哲學至康德而集大成，康德曾列舉諸家學說，對宇宙理念提出十二範疇，例如時間之有限與無限問題，空間之有限與無限問題，物質分割之有限與無限問題，事物運動之必然與自由問題，萬物生成之先後次序問題等等，以上這些問題如使用知識去探討，必永無確定答案，因爲人類知識有限，難以解答。康德對這些問題持調和的態度，認爲各有其是或各有其非，我們以前說過，經驗時空可以分割、可以分離，但宇宙時空則不可如此。老子曰：「自古及今，其名不去。」莊子曰：「道無終始。」都是在講宇宙生命在時間上說是無限的，無限怎可分割。同理，生命空間也不可分割，我們在前面也談到物質可以分割，但現代物理學已認定原子不是最後的物質單位，於是又提出素粒子學說，加以熱烈研究，也許物質分割到最後，到了質能不分的境界，因爲質量與能量是可以互換的。萊布尼玆(Leibniz)對於宇宙提出單子論(manadism)以解說宇宙構造，只不過是假設性質，難予證明。愛因斯坦的相對論主張宇宙有限，而且解說宇宙有收縮及膨脹的現象，也止於物質宇宙。至於宇宙萬物生成之先後次序問題，在物質宇宙演進的過程中，萬物到底何時生成及其生成次序如何，衆說紛紜，難有確論，達爾文的生物進化論以爲物種常有變動，因受生存競爭影響，適者生存，劣者慘遭淘汰，達氏對物種生成之次序，根本難作重點討論，我們所以提出以上這些問題，目的在說明人類從知識或物質了解宇宙，根本就找不到生命眞理。

在康德的十二範疇中，提出必然與自由的問題，這才是眞正重要的哲學問題，事物運動是必然抑是自由？在這個世界上除了生命本體或生命精神是絕對的自在自由外，任何有形有限之物皆受自身的制約與其環境的制約，其運動皆無自由可言。那麼，事物活動是必然的麼？唯物論者喜歡由唯物史觀來解釋歷史，他們常講歷史必然，其意以爲歷史發展有其趨勢，事物運動有其趨勢，他們料定某些事件可能發生或見其已發生，就說某事件是歷史必然，不過，唯物史觀學派却認定有向好的方向發展的趨勢；在另一方面，聖經上記載耶穌講道，却持悲觀看法，認定世界將臨末日，世人將遭受浩刼厄運，現在的傳教士仍堅信此說，向世人散佈這種悲觀思想。不錯，事物運動，確有其自然規律，但憑人類的有限智慧及知識，不可能獲致對自然規律的完全而正確的理解。人對自然奧秘，所知甚少，人事更是複雜，人生奧秘更難窺破，情況如此，怎可說事物活動有其必然呢？我們人類只知道事物運動出於自然，但我們不可肯定其運動的必然性，說眞的，人類如能識出事件的或然性 (probability)，已經夠好了。當然，自然界有些單純事件，在人類的經驗中似乎確像有其必然性，如四季循環，春去夏來，冬去春來，但夏天有早來或遲到的時候，那就難說，而且這事只能就個別的地區與個別的時期而言，如果在冰河期或在南北極區或在其他星球，四季循環的現象就消逝了。萬有引力之發現乃是人類了解自然奧秘的一大窺破，但這一引律只適用於太陽系，不適用於全部宇宙。物理學或天文學家已發現在外太空存有不少黑洞

(black holes)，任何物體，不論巨細，只要接近黑洞，必被吸進其中，但在黑洞中却無任何物質，物理學的萬有引力說對此難以解釋。人生現象更複雜，我們人類對於社會政治經濟等重大問題，常常找不到好的正確的答案，歷史上的重大事件常常出於偶然，有人說法國大革命由巴黎一個監獄的囚犯逃獄造成的，完全出於偶然，馬克斯預料高度資本發展的國家必然先爆發工人革命，歷史事實正好相反，共產革命却發生在工業落後的國家如帝俄、古巴、中國、越南等，而且都非像馬克斯所預料的什麼工人革命，而是政治革命，共產黨取得政權之後，馬克斯所預料的無產階級專政却變成以工人爲奴的共幹專政，歷史的必然在那裏？

至於事物運動皆受自然規律的支配，事物本身及其環境情況制約着事物活動，故事物運動無自由可言，我們可以假設事物運動如違背自然規律，則其事物必歸消滅。相反相成便是任何事物的運動規律。仔細觀察任何事物的運動，有時向正面發展，有時又向反面發展，那就是說，事物發展有剝有復，有泰有否，其過程有順境，也有逆境，有高潮，也有低潮，這種規律完全出於自然，也可說這就是事物運動的性質。事物必須遵循這個規律，否則事物便難存在。蟲蛇行進，有伸有屈，伸屈相反而成行進。事有順境與逆境，順逆相反而成事物運動，天下沒有只有順境而無逆境的事物運動，也沒有只有低潮而無高潮的海潮運動。幸福的生活必有反幸福與之對待，一個人再富再貴，也要有禍患陪伴，富貴與禍患是一體的，幸福與反幸福是一體的。在現實的生活中，沒有人只有享受富貴的自由而免受禍難，事物運動沒有只要順境而不要逆境的自由。

第四章　因　果

天下事物的發生發展，皆有其因果，世間沒有無因的事物。事物存在有其縱的關係，也有其橫的關係，因此事物的存在可互爲因果。就時間看因果關係，是前因後果的關係，就空間看因果關係，是互爲因果的關係。甲可爲乙之因，也可爲乙之果，這就是倒果爲因的關係。如某大學校優良，因而招收優秀學生，學校優良是因，招收優秀學生是果。但因其學生優秀，其教學水準自然提高，就容易吸收優良教授，故學生優秀這個果，可以反果爲因，那就是說，回過頭來又可爲學校優良之因，這個大學因爲學生優秀教授優良，自然聲譽日佳。又如某公司講信用，容易吸收資本，因而資本雄厚而居於有利的競爭地位。反之，因其公司營利能力增加，必使其更能講信用，因而增強其信用能力，故其公司信用與其營業能力可互爲因果。我們可假設另一情況，如果該公司只重營業能力，不擇手段的吸收資本，甚而不講信用或存心欺詐，自毀信用，那就是自尋敗因。自然界的因果關係，一般來說，較社會的因果關係爲單純，例如風調雨順爲農業增產的一個因子，衆人皆知，又例如地震洪水髒污不潔常爲瘟疫之因，這也是一般經驗所肯定的事。但社會關係就較複雜多了，像離婚這種事，可能有多種原因，離婚原是男女雙方不和爲其根因，然而男女何以不和，原因就不單純了，須知婚變除了情感原因外，尚有經濟社會或文化等原因，貧賤夫妻日子不好過容易招致離婚，家庭關係不好，如婆媳之間磨擦失和，也可助長離婚，夫妻兩人的思想觀點差異過巨，也不失是離婚的一個因子。在過去的中國舊社會，離婚率極低，甚至沒有離婚這件事，但這並不表示過去男女生活沒有問題，但因受社會制度及文化思想的制約而未爆發出來罷了。現在臺灣青年男女夫妻離婚率突升，經濟改變固爲其主因，但社會結構及文化思想觀念的改變也是重要的原因，像革命或戰爭這一類影響重大而深遠的事件，原因極其複雜，有其當代原因，有其歷史原因，有其內在原因，也有其外在原因，極其複雜，幾使人智難以全盤理解。

科學研究自然界的因果關係，如生物遺傳有其確定的控制因素，那就是遺傳學家所謂基因(gene)，把英字gene譯爲中文基因，頗能傳神，顧名思義，基因者，遺傳的基本因素也，基因決定或控制遺傳，當然是遺傳的「基因」。又如物理學講萬有引力及重力，引力被視爲重力，物質所以有重量，乃是來自引力，故引力爲重力之因。現在世界各國皆處於經濟萎縮或不景氣狀態（recession）如再惡化的話，可能就會出現像一九三〇年代的大蕭條（depression）。經濟萎縮自然就是失業增加，現在歐美各工業化國家的失業人口幾乎都超過其勞動人口的百分十幾以上，問題相當嚴重，經濟萎縮的原因究竟爲何?有不少人認爲由於石油出口組織的國家猛抬油價所致，不錯，油價猛漲固是經濟萎縮之一因，此外還有諸多原因，究竟爲何?經濟學家意見紛歧，莫衷一是，因此歐美各國政府拿不出好政策好辦法。例如美國現任總統雷根主張所謂供方政策（supply-side policy），使用減稅及削減政府消費及減低政府功能等方法。另一方面，仍有一些經濟學家主張所謂求方政策(demand-side policy),這乃是在一九三〇年代美國總統羅斯福施行新政(New Deal)所推行的政策,也就是凱恩斯式的政策,推行公共工程(Public Works)以使用失業人口的勞動力,以增加需求的經濟力量,以促使經濟恢復元氣,這一政策之施行,曾獲致相當良好的效果。現在美國經濟情況與一九三〇年代不同,況且雷根本人又主張供方經濟學說,恐怕不易走向新政路線。美國當代經濟學者或經濟專家對於經濟萎縮缺少根本認識,當然不能提出好的對策,我們所以提說經濟萎縮這件事,目的在說明人事的因果關係極其複雜,各國經濟皆受連累,無一倖免。

在科學上說,控制遺傳基因,卽能控制遺傳,制其因卽能制其果,但政治經濟社會等問題之「基因」,却是異常複雜,難以確知,就像經濟萎縮這個問題,人類旣然難以正確的理解其病因,又怎樣可以獲得療病的方法及療治的效果呢?在歷史看,人類社會就像個人一樣,個人會生病,社會也會生病,社會在演進過程中,常常生病。自由經濟生產制度常有所謂循環現象,如商業循環(business cycle)或經濟循環(economic cycle)等都是，那就是說，經濟活動有時不順暢，因而定期的發生萎縮或蕭條現象，隔一段時間又轉爲景氣暢旺。不過，經濟循環並不表示經濟不健康，恰恰相反，那正是表示經濟健康，經濟活動也像個人生活，個人總會生病的，一個人從不生病，倒是反常。經濟活動有了毛病，會自動醫療的，天下事物總離不開相反相成的原理。一個人活着，在他的體內及體外常存有反健康的因素如細菌病毒等，如果沒有病菌病毒，反而不妙。反健康的因素乃是維護個人健康的要件。人爲什麼要注射防疫針？那不是有意增加病菌麼？增加反健康的因素，結果却可促進健康，這就是相反相成。人類經濟健康也需要反經濟反健康的因素來維持，因此像經濟萎縮這種經濟病，可說是常態，不必視之爲病態；經濟萎縮大概可以說是經濟的新陳代謝所必需，勿寧是經濟健康的表現，就此一意義說，便可視爲經濟健康的原因，就像注射疫苗之爲個人健康之原因。試言其詳：在自由的生產制度下，個人或個體經濟單位如公司等負其經濟責任，而個體經濟單位在遭受經濟不景氣壓力下，必須斟酌其特殊情況而調整其經濟職能，如採取部分關閉其所屬生產單位或解僱一部分工人，以適應新的經濟情況，俟景氣恢復再擴張生產。而且爲了應付不景氣，個體經濟單位爲了生存，必定檢討自身的優點與劣點，對優點盡量發揮，對缺點盡力革除，尤其與企業管理或與生產技術有密切關係的經濟單位，必定努力研究發展以提高其生產效率。以上所述個體經濟單位的適應活動，在其過程中就含有探求原因進行改革與預測效果的活動。尤有進者，凡適應活動，一般說皆富有試驗性質，在試驗過程中，必有錯誤，需要改正，改正後不一定再無錯誤，因此錯誤可爲改正之因，亦可爲改正之果，如果錯誤，仍須改正，就成了倒果爲因，也可稱反因。改正後結果正確，那就是正果。事物的因果關係最理想的完全關係乃是正因與正果的關係，人類如能知正因以求正果，最爲理想，因爲人類不是全理性的動物，所以不能說人類理性與其行爲具有正因與正果的關係。

經驗主義學派否認因果律，實在缺少充份的證據。事物活動有其縱的先後因果關係，也有其橫的相互因果關係，有時甚至有倒果爲因的關係，這些關係在科學或哲學都有實證，不可置疑，人類對正因與正果的關係雖缺少完全了解，然而人類對有些事物活動的因果關係確實具有了解的能力與知識。前言人類對遺傳基因的知識，幾乎近於完全，人類對於物體重力來自引力的知識也可說近於完全。隨着知識的增加，人類對事物的因果關係之理解力亦隨之增加。試以人口問題爲例，過去的農業社會盛行大家庭制度，並以多子多孫人口衆多爲福，因爲舊式農業生產不需要多少技術，只需耕耨的體力卽可，多子多孫無異爲增加財富唯一要件。現在工業發達，實行小家庭制度，農業人口增多，反爲致窮之因，反使生活品質降落，現代的人以少子少孫爲福，故勵行節育，結果就抑制人口增加。當然，人口增加的原因很多，自然生育至少是其一因，舊的社會經濟生產關係要求多子多孫是原因，如今原因消滅，如再多育人口，必有苦果，不僅如此，無因之果，違背事物運動規律，必難存在，不過因果不同於形影關係，形去而影同時消逝，但因去而果未必同時消逝，甚至其因雖消滅，但其果可久時存在之後再歸消逝。

原因有原因之原因，例如張三因發怒而擲玻璃杯於地，結果杯破。杯破的直接原因是張三的擲杯動作，其間接原因或其原因之原因爲張三發怒，而張三發怒可能因受他太太責罵，因此，因可爲積因或多重因。人之行事不必皆有理性之因，因爲德性情性及欲性皆可爲人類行事之動因，不過，理性德性情性欲性皆發於人心，人心又發於天。人性乃天性之一部分，物性亦爲天性，推溯最先始因，我們古代聖哲以爲太極乃是天心人心之根源，乃是宇宙生命之本體，故太極乃是宇宙及人生運動的最先或最後原因。人類知識不足以認識太極，唯理性可以認知太極。太極自由自在，其存在是自因的，科學所求的因果乃根據對事物的知識。就事物運動來講，我們可以假設A爲B之因，B爲C之因，C爲D之因，則D爲ABC三積因之果。或反轉來說，可以果求因，則D之直接原因爲C。C爲果，則B爲其直接原因；B爲果，則A爲其直接原因，如此，就D說，其積因爲ABC，就A說，則BCD皆爲其果，謂之重果或積果。以上皆就有形的宇宙而言，無形宇宙不講因果，因爲無形宇宙就是生命精神，就是太極，太極自爲因，而且又是有形宇宙存在之因。故就太極或生命眞理本身言，其存在是自由自在自因，其果乃是有形宇宙。至於如何認知此種無形之因與其有形之果的關係，那就必須使用理性認知的相反相成的生命辯證原理了。

第五章　理性宇宙

世人囿於形跡，一談到理性，就覺得玄妙難知，不得要領，其實理性雖無形色，却是實存實在。這問題不能使用科學實證的方法來解說，因爲科學研究的對象是物，而理性不是物。世人大概都知道人有人性，物有物性。理性在人者爲自覺理性，乃是人性的一部分，所以人能知是非善惡。依邏輯講，人性既是天性的一部分，今人性中有理性，則天性中必有理性，因爲人性來自天性，天性就是宇宙之性或自然之性，如此解說宇宙理性，有何困難？在另一方面說，物性也是天性的一部分，如果說天性中有理性，物性中沒有理性，那不是矛盾麼？理性在人者爲良知，所謂良知，決非知識，而是一種心能明覺。世人總以爲鳥獸、蟲魚、草木、沙石無心無情，更無理性，實在是爲知識所役或爲偏見所拘，因而看不見眞理。其實萬物的生命旣爲宇宙生命的一部分，故在其各自的生命活動中都表現其獨異的特性及品格，人有品，物也有品，魚躍於淵，鳶飛戾天，落花流水，各有活潑而生動的趣味，也透露出奧妙的生命消息，仔細觀察萬物活動，各循其固定軌道，表現出自然的和諧、自然的秩序、自然的節奏、自然的規律，如此高品質表現，如謂其無理性成分，能令人置信麼？不過，物性中雖有理性，乃是不自覺理性，不像人有自覺理性罷了。

我國古代聖哲皆認有天心存在，凡心必有理性，天心人心皆有理性，其實物也有物心，物心也有理性，不過物心活動不同於人心罷了，孟子曰：「存其心，養其性，所以事天也。」（盡心章句上第一章）人能存心養性，就可以事天。事實上存心養性本身就是事天工夫了，人能存心，必定可以養性事天，故三者可說是一回事。心性皆出於自然，人行事不違背自然，就是事天，就合乎理性要求。故對人來說，存心不失，便可知性，知性便可養性，這是自覺的努力。就物來說，物以天心爲心，故天心也就是物心，天心透過物性而顯現，物各有其性，性品的活動是有形的可以聞見的，高山巍巍表現了陽剛雄偉之美，花之色彩、雲之飄浮，表現出柔美之品性，烏之黑、鶴之白，各顯現其特異品性，雄呼而雌應、風起而雲湧、雷鳴而蟄驚，乃天性之感應。花之清香、露之晶瑩、玉之玲瓏，性品使然，這一切都顯現了高潔的品格及特異的生命精神，都是天心天性的活現，都有理性流注其間，比諸汚濁混亂的人間世，誰在發揮理性精神，自有理性評判。

我們細心觀察萬物，品類各異，有富麗的彩色、有悅耳的聲音、有各種的形狀、有各樣的風姿、有各異的活動，有諧調、有秩序、有系統，充分表現出生命的規律。萬物各得其所、各適其性，沒有亂撞、沒有亂衝，多麼太平安定，比諸亂糟糟的人間世又如何？自然界不是很講理很合理的地方麼？如果講理性要求的話，理性還有更高的要求麼？宗教家認爲這一切都出於上帝的有意設計，在哲學上說，物盡其性，人盡其性，就是理性要求，盡性就是盡心，人盡其心，物盡其心，也就是盡了天心。天心最高的要求不是盡性麼？這宇宙決非一架無生命的機器，它有心性、有生命，它透過萬物的以及人類的活動而顯現其心性理性。人類理性則由於透視內在的感覺層面意識層面及心靈層面而認知自心中的理性活動，另外再透視外在的萬有活動而認知天心的理性活動。感覺層侷限於感官經驗，意識層侷限於意念與觀念，心靈層面乃心性活動的自身，感覺及意識都屬有形的層面，因爲二者相應的對象都有物，卽感覺以經驗爲對象，意識以觀念或意念爲對象，心靈則以心性本身爲對象。感覺及意識構成心理學家所謂心理狀態，而心靈乃理性活動的本身。感覺與意識皆侷限於物，不能自由活動，只有心靈不受外物制約，故無物與之對待。理性對感覺及意識居於評判的地位，對心靈活動則居於自我評判的地位。眞理原不分內外，物性人性都是性，萬物紛然，當其進入感覺層面，雜亂而無系統，由感覺層再深入意識層面，就形成所謂意識流，仍是混濁不淸，意識流怎樣才可變成純一不雜的淸流呢？那就靠理性疏導了，只有憑靠理性疏導，才可使混濁的意識流變爲純淸。當混濁的意識流進入心靈，因受理性疏導，於是就由濁流變爲淸流。在心靈中，心性與物性是一致的合一的，那就是說，透過理性疏導，則感覺意識與心靈三者就合而爲一，印證無形宇宙與有形宇宙的一致性，印證天性人性與物性的一致，也印證生命眞理只是一個。

第六章　動靜常變

這個宇宙是動的，人在動，物在動，因爲宇宙有生命，生命就是活生生的動。孟子曰：「至誠而不動者，未之有也。」（孟子離婁章句上）誠就是眞生命、眞情性、眞心眞欲。仔細觀察、仔細省察，天地人物皆時時處於變動狀態，永無休止，易曰：「太極生陰陽。」太極動始生陰陽，不動怎樣生？黃梨洲曰：「分曉不是動是靜，不妄動方是靜。」（宋元學案黃梨洲太極圖講義）後儒解說太極陰陽，衆說紛紜，莫衷一是，但除了陸九淵外，大家皆認陰陽爲氣，視氣爲有形之物，無有疑之者。陰陽是宇宙中的兩種力量或兩種作用，也就是維持萬有生存的兩種相反相成的作用，這種作用發自太極。陽動陰靜，但誠如黃梨洲所言，靜不是不動，靜是不妄動，因此，靜仍是動。程朱皆視太極爲理，陰陽爲氣，理靜氣動，將理氣離而爲二，如何以理馭氣，理無形而氣有形，如何以無形馭有形，使二者合一，他們就解說不清了。其實體用不可分，太極是體，陰陽是用，如說陰陽動而太極不動，那是違理的。陰陽運轉乃是萬有生命賴以維持的大前提，而推動陰陽運轉的就是太極，太極如不動，則陰陽何得運轉？太極好比是母親，生下一男一女，男爲陽而女爲陰，故陰陽的力量來自太極。周濂溪說：「太極動而生陽，動極而靜，靜而生陰，一動一靜，互爲其根。」周濂溪的話仍有語病，不是太極動而生陽，而是太極動必生陰陽，也不是靜極復動，而是動靜同生及陰陽互生。依周氏之意，好像太極先動而生陽，靜了一陣子才生陰，而且還加上一個動極或靜極的條件。事實上却是，凡動必生陽，凡靜必生陰，無需於極。陰陽原是一體，原是同一力量的兩種動作，不過這兩種動作相反相成罷了。例如物體運轉，其中有離心力，亦有向心力，離心力爲陽，向心力爲陰，而維持二力平衡的力量就是太極。否則二力失去平衡，則物體必倒，不能維持運轉，又如蟲蛇行進，一伸一屈，伸爲陽而屈爲陰，陽伸前進而陰屈後退，伸固是動，退也是動，不過就行進來說，退後對向前行進表現爲靜，並非靜止不動，退與進或屈與伸，都是動作，而且伸屈相合才可完成行進動作。屈以輔伸，伸以輔屈，這就是陰陽互生。同理，任何事物活動皆可作如此觀。死生生，生生死；福生禍，禍生福；泰生否，否生泰；正生反，反生正，眞是不勝枚擧。

宋儒解釋太極爲理爲道，只要明白太極爲體、陰陽爲用的道理，怎樣講說都不會有差錯。關鍵在，陰陽不可分，動靜不可分，陰陽一體，動靜一體。具體一點說，動靜乃同一運動的兩面，都表現太極之動。太極好比是太陽，陰陽好比太陽所發射的光熱，太陽照射萬物，太陽與其光熱怎分得開？太極是宇宙生命之根。老子曰：「谷神不死，是謂玄牝，玄牝之門，是謂天地之根，綿綿若存，用之不勤（竭）。」（老子第六章）老子講的道就是太極，老子說「道生萬物」，無異太極生萬物，陰陽亦爲物，故說太極生陰陽，太極旣是宇宙生命之本體，生命是不朽的，生命永遠活着，故其用不竭，就像活水，因有泉源，所以始能長流不竭，流而失源，其竭可立而待。所謂活着的活，也就是動的意思。物有生死，舊死新生，這乃是生命運動的常態，有形的宇宙常處於新陳代謝的狀態，皆由於陰陽運作使然，陰陽運轉，宇宙也跟着運轉，永無靜止，這便是生命眞理，道也好，理也好，無不動不變。我國古代哲人常講虛靜，老子曰：「致虛極，守篤靜。」（老子第二十章）其他如荀子宋儒也皆講虛靜，以爲太極之體是虛靜。虛靜的意義爲何？照字面看，虛乃空虛無物，太極不可聞見觸摸，無有形色，以虛稱之，似無不妥。但所謂虛，決非空無，而是實存實在，只是不可聞見觸摸而已。如果說太極靜而不動，那就是誤解，太極動而生陰陽，怎說它不動？黃梨洲說的對，靜是不妄動，不是不動，因此，如解靜爲不動，就不對了，至於心，如其無妄念無妄意無任何掛礙時，可謂是虛。但其靜又如何解說？心靜並非不動，心不妄動便是靜，但心仍在動，卽使太極也在動，心如何不動？物來而順應，或感而遂通乃是虛靜的最高境界，但所謂「順應」「感通」仍是動。孟子講不動心，不是講心不動，而是講心不妄動。如心不動，又如何順應感通？心失順應感通，那是死靜，不是虛靜。莊子亦講虛靜，莊子將心比水，他說水靜則可明照萬物，心靜則可明理，水之性不雜則清，如果水鬱閉而不流動，就難成清水。水不流動則成死水，死水何能清？耶穌講道，常稱活水（living water）。水死則腐汚，心死則靜，心像活水一樣，水不流不清，心不動不靜，動中取靜，就是活靜，只有活靜始可物來順應感而遂通。如果說心靜是心如止水，那簡直是荒謬！動靜是一體的，沒有動，也就沒有靜；沒有離心力，則向心力必不能獨存；沒有正作用，則反作用不能獨存；動靜互爲其根，講靜不講動，那就不成爲靜，因爲動靜一本不可分離，故循理而不妄動才是眞靜正靜或活靜。換言之，眞靜也就是邵子所謂動靜之間，也就其支配動靜的太極。

陰陽之道是常道，常道並非不動不變。天地間無物不動，無物不變，世人總以爲眞理是不變的，那是誤解。宋儒講理學道學，好像吊在空中，萬古如一，永恒不動不變，如此空架般的理，沒有生命，便是死理，不是活理，生命眞理是應時應地而變的。無形的生命精神流注在萬物底裏，常在變動中，故變動才是常，眞理離不開事物，離開事物的眞理就不是眞理。我們講常，同時也講變，講常不講變，則眞理之用難明，講變不講常，則眞理之體不備，莊子主張不守故常，應時而變，他說：「堯舜讓而帝，之噲讓而絕，湯武爭而王，白公爭而滅。由此觀之，爭讓之禮，堯桀之行，貴賤有時，未可以爲常也。」（莊子秋水）海水運動有高潮，也有低潮；大氣運動有高壓，也有低壓；這海潮或氣壓的高低，正反應出大自然運動之陰陽動靜相乘的規律，人事活動也有常律，人的活動雖較自然事物的活動有些雜亂，大體上說，也是循規蹈矩，不是亂衝亂撞的，當然，人類知識累積速度越來越快，科技發展也日速，意識觀念的改變也較快，就促使制度的新陳代謝速度加快，現代工業化國家所受人類生存環境改變的範圍強度與速度上的壓力，較諸舊時農業社會，眞不可同日而語，然而卽使世事變化萬端，決非茫無頭緒，雜亂無章，例如石油輸出國家成立石油輸出組織（OPEC），這些國家爲了自己利益，於十年之間竟將石油價格提高十幾倍，不顧世界市場供需情況，乃是造成近年世界經濟萎縮之主因。於是各石油消費國迫於油價過高，就一面尋求石油的代替品或另行開闢新能源，一面盡力節省用油，遂使石油供給超過需要，促使石油價格回跌，經濟學講供求原理。供需平衡，價格始可穩定，否則求過於供，則價格上漲，供過於求，則價格下跌。這價格漲跌及供求增減，便表現出陰跌陽漲或陰減陽增的運動規律，促使供求或價格變動的是經濟力量，而經濟力量的運動是永無休止的。卽使是供求平衡或價格平穩，那也不表示經濟的運動力量歸於消失。整個宇宙的運動便像這個樣子，宇宙生命永在活動，永無休歇。就像海水一樣，卽使海水無潮，但海水運動的力量仍在活動。大陸共黨政權，對其人民實行壓搾經濟政策，只講供，不講需，結果造成生產極度落後，人民窮困不堪，凡破壞經濟規律的措施，必造成人爲災害。故制度立法必須先了解人性物性，否則，違天背人的任何措施，必行不通。走不通的路是愚蠢的，制度立法是人爲，必須適合人性需要，時代環境改變，制度就必須隨時修改。荀子曰：「天行有常，不爲堯存，不爲紂亡，應之以治則吉，應之以亂則凶。」（荀子天論）人羣治亂是怎樣發生的呢？荀子說的很明白，天行有常，人爲應適應天常。自然規律就是天常，社會規律也是天常。物性人性皆出於天，天就是自然，人爲不能改變天常。

所謂常並非不動不變，常是由變動顯現出來的，沒有變也就顯不出常，就像靜由動顯現出來一樣。道或理也可叫做常道常理，而道理本身就常在變動。太極動而生陰陽，陰陽動而生萬物，萬物動而有生死，即使死或腐化也是一種動的過程。人常說一死就算一了百了，事情沒有那麼簡單。死了死了，其實死而未了。生死都不過宇宙生命運動的一面。有生就有死，有死就有生，生死是一體的、腐朽腐化，其實是腐而不朽，腐朽可化爲神奇，那就是腐而不朽。生死是常；生死的頻率是變，不可視變爲常，換言之，不可由個體事物發生的次數頻率來判斷常與非常，例如最近報紙刊載一件消息說，有一個美國人一生結婚幾十次，這是個案事件，不可視之爲常。一人一生結婚幾十次，也許通行於古代某些社會，但現代社會決不通行，不可視之爲常。假定有統計說，現代社會每一男女一生皆平均結婚三次，那就是常了。在現代文明社會中，一個人結婚一次或甚至二三次爲常，結婚五十次或六十次爲非常。頻率由事物變動的規律表現出來，如果自古及今一個單一事件的發生頻率沒任何改變，如人物生死，如陰陽變化，如地球繞日運動，一年繞日一週，可謂常了。這是自然事件，但人間事却少有此種事例。中國實行皇帝制度幾千年，好像是常例，其實各代內容不同。堯舜讓，湯武爭，禹以後傳，故讓位爭位皆不能稱是常，傳位是否爲常？在過去二千餘年的皇帝制度來看，爭位與傳位都有成有敗，未能持久。卽使每代傳位，有的傳子，有的傳兄傳弟或傳侄傳叔，而且傳常演爲爭，如何視這些紛然雜然的事爲常呢？不過我們可以說，中國確然實行了二千餘年的皇帝制度，不管做皇帝的是張三李四，也不管其爭或傳的情況如何，皇帝制度維持了二千餘年，應可視爲常了。不過，到了近代，各文明國家大多實行民主制度，卽使像英國日本仍保留皇帝制度，已是名存實亡。

第七章 一與多

在哲學有一與多這個問題，屬於本體論。宇宙存在是一元的抑是多元的？西洋哲學解決這個問題的方法多從知識着手，由知識求知本體，像萊布尼玆就曾提出單子學說，即便使用正確的實證方法，也很難獲致滿意的結論。因爲宇宙眞理的本體是形而上的超感官超知識的，所以以科學求知生命本體，無異南轅北轍，必行不通。黑格爾認心爲本體，馬克斯認物爲本體，固然皆爲一元論，但宇宙構成有物有心；也就是本篇第一章所討論的有形宇宙與無形宇宙。有形宇宙乃物質宇宙，無形宇宙乃精神宇宙，二者構成了宇宙整體。我們認爲宇宙的本體是無形宇宙與有形宇宙的合一，而非單是有形宇宙。因爲生命是精神，不是物質，而物質不過是無形宇宙之體現而已。

有的哲學家主張二元論或多元論，例如朱熹就主張理氣二元論，認爲宇宙構成有理有氣，好像各自有其獨立運動。有人主張宇宙存在是多元的，有多種不同的元素構成宇宙，如物如心如理如氣如自然元素等，而且以爲它們各自獨立活動，互不相馭，因此，他們以爲宇宙存在是多元的。我國易學講生命哲學，主張太極生物的一元論。太極好像很玄妙，其實說穿了，並無何玄妙。太極就是事物的根源，也就是宇宙生命的根源。人皆知樹無根不生，水無源不流。事物的發生及其發展，皆有其根源，而且根源只有一個，它就是太極。宇宙是如何生成的呢？西洋科學家提出 Great Bang 學說，此說以爲宇宙在洪荒中忽然嘭的一聲，於是在混亂中天地分開，羣星形成，萬物出生。此說與聖經上講的上帝創世紀一樣，證據不足。老子認爲泰初宇宙處於無象無狀狀態，渾然一樸，後來樸散爲器，萬殊雜陳，演化爲現在的宇宙。莊子認爲原始宇宙原爲「无无」，原是一個「一」，「一」因留（流）動而生物，於是始成有形宇宙，莊子解釋易學生物哲學較老子更爲進步。

我們觀看有形宇宙，萬物殊相，品類繁夥，紛然雜陳，好像互無關聯的多元的各自活動。如果深入觀察，卽可發覺，它們確實有嚴整的秩序與嚴密的系統，在這個秩序系統中，萬物並育，大德川流，小德敦化。原來宇宙運動有相反相成兩種作用，人類及萬物皆受此二種作用的制約而不得衝撞，這樣就形成其秩序與系統，這也就是宇宙生命所要求的自然秩序與系統，而且生命只有一個，那就是太極。不論人物，皆有生命，皆有活動，它們雖有殊異的形色，然其生命活動却具同一性質。整個宇宙便是一個大生命，常在「留動」變化中，由現在以窺過去，此一性命從未更改，是「古今如一」的。中庸曰：「故君子之道本諸身，徵諸庶民，考諸三王，而不謬；建諸天地，而不悖；質諸鬼神，而無疑；百世以俟聖人，而不惑。」（中庸第二十三章）莊子曰：「性不可移，命不可改。」（莊子天運）性命旣不移改，則古之性命猶今之性命，所以始可受得徵考，質諸鬼神，而無疑惑。

太極動，陰陽動，萬物動，動於古，也動於今，因爲生命原是活的動的，有活動才有變化，變化才能生，變化便是生，生生之謂易，這是孔子的名言。物體運動，必生向心力與離心力。蟲蛇行動，便生伸屈，這向離伸屈就是陰陽變化。物結種，母生子，是生；物體運動而有向心力與離心力，也是生；腐朽化爲神奇，也是生，故動生與生動，意義無何不同。凡動必生，凡生必動，這便是生命眞理。

從多方面看，萬物形性好像各異，但從一方面看，天地人物皆由太極陰陽變化而來。性命不是多個，只是一個。電冰箱的動力是電，但電動可生冷氣或暖氣，冷暖出於同一電源，人人皆知。我們說太極生天生地生人生物，必須表現於陰陽變化，因爲生化過程也就是陰陽變化過程。這事古代如此，而今也如此，我們人類的感官爲形色所拘，只能看到有形的變化，却看不見無形的變化，只看到有形生命，却看不見無形的生命只看見現象，却看不見本質。理性確知現象後面的本質，然而人類知識對生命本體却無能用力。陰陽變化有消息盈虛伸屈損益之象，可以感知，但在這些現象後面却潛藏着生命本體，人類感官就感到玄了。

如果只承認現象，而否認生命本體的存在，無異只認樹幹樹枝而否認埋在地下不可見的樹根，怎麼可以呢。物各有種，母體死亡，但其種又生新體而其生命延綿不絕，薪有盡而火傳無窮，故生命有代謝，去舊而佈新。多少億年前就有蟑螂，其祖先死亡者何止千萬代，但如今蟑螂仍存。人間事古今多少盛衰，往事似煙消逝，但現今人事的勢力仍在，歷史並未中斷，生命的有形部分可以腐朽，但其無形部分却是不朽的。卽使腐朽之物，也是腐而不朽。現象可以千差萬別，多色多樣，但其本質却永遠不滅。物理學上有能量不滅與質量不滅，生命更是不朽不滅，這才是眞常。

中庸曰：「道也者，不可須臾離也。」是的，事物運動離不開陰陽變化。事物運動有正有反，有泰有否，有剝復順逆，這些也正是陰陽變化所致，而陰陽來自太極，太極就是宇宙本體，這體只是一，不是多。有形的多皆出於一。莊子以爲宇宙原始只是一個一，正是指太極而言。他又說一留動而生物，正是指的陰陽變化而言。在多色多樣的事物的底裏，皆流注着這一個太極的生命精神，而萬物生存却由陰陽迭運來維持。太極本體好像一個月亮照在萬水中，水中月雖有萬千個，實際上眞月只有一個。生命只有一個，但萬物生命形色却是多種多樣，其實只是一個眞生命的表現不同罷了。多元論者爲生命形跡所誤，只見其異，不見其同，只見其形象，不見其本體，眞是盲人不見色，聾人不聞聲，把眞理給看漏了。

第八章　肯定與否定 (Negative and Positive)

肯定與否定是哲學問題，物理學講電雖有陰電陽電之稱，一般說，科學不談肯定否定的問題。肯定爲陽，否定爲陰。凡正的加的合的盈的生長的都是陽或肯定，凡負的減的分的虛的死亡的都是陰或否定。事物變動，莫盈則虧，莫生則死，莫正則負，天地間沒有零無的事物狀態。在數學上可以假定有一個零，也可以假定左減右加，左負右正，但零不是數字，數學視零爲無，易學講損益盈虛消長，皆以動爲前提，由於動，始有正負損益盈虛消長。事物時在動變，靜只不過是動的另一形式。

宇宙生命乃一大肯定，故生命本體不以肯定否定論。生命眞理萬古如一，就是一大肯定，從無否定。但眞理本身也在活動，活動乃是體之用，就有陰陽變化或肯定否定了。因此我們可以說，肯定與否定的變化也就是陰陽變化，陰陽變化是有形宇宙的變化，不適用於無形的精神宇宙，因爲宇宙生命乃是絕對的大肯定，從無否定。太極便是生命眞理的本體，太極本身是絕對的肯定，從無否定。陰陽出於太極，乃太極之用，而且陰生陽或陽生陰是迭運的。

馬克斯講唯物辯證法，根本否認無形的生命本體，也就是否認太極存在，但馬克斯却講陰陽變化或肯定否定的變化，可謂其學無本，因爲無太極而講陰陽，那就是無本。馬克斯以爲事物的運動過程乃是肯定否定否定之否定的過程，忘了生命本體，所以唯物辯證法是機械論。在馬克斯看，肯定與否定似乎是各自獨立，而且又各自分離及前後階段不相連屬，這樣就把生命眞理給完全割裂了。例如死乃生之否定，卽死否定了生。在馬氏看生與死是獨立的互相分離的不相連屬的，其實生死是一體的，二者皆是生命活動的一面，生命本身並沒有被否定，因爲它是不朽的。生物腐朽是生物死了，但腐朽可化爲神奇，如果說死是生的否定，也只能說生的形相被否定，決不是對生命本身的否定。在另一方面說，生爲肯定，死爲否定，腐朽爲死，但腐朽復化爲神奇，那就是生否定了死，因爲神奇對腐朽來說是新生。故死否定生也好，或生否定死也好，生死二者正是生命本體的作用或現象，換言之，生死或死生正是生命活動的結果。因此，肯定與否定不可分，也不是相互隔離不相連屬的，換言之，生死同陰陽一樣，其活動是同時進行的，在事物運動的過程中，陰陽互生互死，也就是生死相互迭運，不分先後或後先，沒有中斷，因爲生命活動是連貫的。易學講陽陰互生是同時進行的。如果像馬氏所言，肯定與否定不是量的變化而是質的變化，視否定與肯定二者性質完全不同，視生時無死或死時無生，那就是把生命給活活割裂，這算什麼哲學！

陰陽相反而相成，生命活動有陰有陽，有否定也有肯定，陰生陽，陽也生陰，換言之，肯定生否定，否定也生肯定。在生命運動的過程中，陰陽迭運，有陰盛陽衰時，也有陽盛陰衰時，二者互爲損益，故表現爲消長盈虛之象。如果說陰陽相反而不互成，或說否定與肯定相反而不相成，那就是說陰只管滅陽或陽只管滅陰，或肯定只管滅否定或否定只管滅肯定，二者只管相反相滅，不管相反相成，則萬物必歸毀滅，這算什麼眞理！我們仔細觀察萬物運動，有陰有陽，二者相反而相成，因而始有生命的新陳代謝。舊的生命孕育出新的生命，如果說舊的生命全部被否定始可有新生命的肯定，試問新生命從何處來？原來肯定有積極的意義，否定有消極的意義。陽積極前進，陰消極後退，萬物運動確實含有積極與消極兩面。例如蟲蛇行進時，必有伸有屈，伸屈兩種動作，一進一退，是一體的，是相反而相成的。進退相合始成蟲蛇的行進，如果只伸不屈或只屈不伸，則蟲蛇便不能行進。天下事物活動都是相反相成的，這便是眞理。今馬克斯只見其相反，不見其相成，只見否定，不見否定之肯定，只見否定之否定，不見肯定之肯定，怎麼可以呢。

生命本體無否定可言，但生命運動是有形的，凡有形的運動就必須遵循相反相成的法則，就像月亮一樣，月盈則虧，虧極必復爲盈。由盈而虧是否定，由虧而盈是肯定，但月亮本身依然故我，並未因盈虧而改變。這件事例可以說明體用的關係。體不變而其用則變化不窮。太極不變而陰陽則變化無窮。我們前面說到物死腐朽，但腐朽復化爲神奇，死否定生，生亦否定死，但否定中有肯定，肯定中有否定。人間有禍福，福中有禍的種子，禍中有福的種子，二者具有互生的關係。毀中有成，成中有毀，二者相反而相成。蟲蛇蛻皮是破壞工作，但蛻皮正有助於蟲蛇長大，這就是毀中有成。蟲蛇長大必老死，故生長中有死亡的種子。就人的感官說，人物確有有形的生死區別，但若就理性看，生命是無形的，不可以生死論。整個宇宙乃是一大生命流行，無古無今。但生命活動是有形的，因而表現爲積極肯定與消極否定兩種相反相成的形式，表現爲消長盈虛進退伸屈之象。西洋哲學如黑格爾的唯心辯證法，如馬克斯的唯物辯證法，都只見有形的生命，而不見無形的生命。尤有進者，他們只見相反，不見相成。事物運動的眞理是相反相成的，如果只見相反，不見其相成，那就不是眞理。

孔子講「保合太和」，老子講「沖氣爲和」，莊子講「交通成和」，中庸講「中和」，和的意義到底爲何？陰陽變化相反相成，這相反相成就是和，這個和的道理的例證可說俯拾皆是。在陰陽變化中，陰陽不可相無，二者必須和合始可維持事物存在，如果陰陽不和，事物必不能存在。例如物體運轉，如果離心力與向心力失去平衡，如果向心力大於離心力或離心力大於向心力，那就是陰陽不和不合，如此，物體就難繼續運轉。妙處是，陰陽必須相反，始可相成。物理學講作用，必須有反作用，作用與反作用也是相反相成的，大前提是，二者必須相反，始可有作用，否則作用便失。生與死相反，始可相成，生死同體，如無死，則生義必失。弓有張弛，射箭動作，始於張，終於弛，一張一弛始能成射，張弛相反而相成。如果大張而小弛或大弛而小張，那就是陰陽不和，就難成射。

怎樣始可使陰陽成和呢？太極居中樞，使相反的陰陽成和。原來天下相反之物，確實具有矛盾存於其中，相反之物如無更高的約束力量，就難於交通成和。今有太極居中調和，制約其相反性，促成其相成性，結果就成了陰陽和合之局。唯物辯證法，強調陰陽相反，却無視其相成，強調其矛盾性，而無視其和合性，竟講什麼矛盾統一，誑言而已。因爲既講相反（矛盾），不講相成（和合），就必是你死我活的局面，如何統一？易學講相反，同時也講相成，肯定與否定雖相反，但也是相成的，不是互相矛盾互相排斥互相毀滅的。故只講陰陽相反而不講其相成，那就是割裂眞理，必行不通。

第九章 新舊

世人常談新舊，共產黨人常談新社會與舊社會，以炫世人，好像新就是進步，舊就是落伍，或新就是善，舊就是惡，事實上也許新就是落伍，舊才是進步，換句話說，新未必進步，也許是新有害而舊有利。

究竟何爲新何爲舊，我們知道決定新舊的是時代環境與人性需要。換句話說，生命要求決定新舊，易學講鼎革，講去舊取新。大學曰：「周雖舊邦，其命唯新。」舊邦就是舊的環境，其命就是周代的生命。邦舊而命新，故周代長久，如果舊邦而不新其命，卽不配合環境而革新，那就是其命不新，則舊邦就難延續了。因此所謂新所謂進步，乃是合乎時代環境合乎生命需要的意思。故後來的未必新，過去的未必舊，若不顧環境情況與人性需要而盲目求變求新，反而不會有新或進步，說不定反而退步。中共文化大革命企圖剷除一切舊文化，只見破壞，不見建設，遺害無窮。須知舊瓶可以裝新酒，打破舊瓶，酒放何處？衣服破舊，可以換新。房屋破舊，可以拆除重建新屋，這是物體的新舊代換或汰舊換新；至於人類的生存環境，其有形的物質部分可以代換，但其無形的精神部分，却不可以代換了事。精神生命只有代謝，沒有代換。

人羣社會是有生命的， 孫中山先生講民生主義。他說「民生就是人民的生活，社會的生存，國家的生計，羣衆的生命。」生活與生計屬民生的物質部分，而生存與生命則屬民生的精神部分。精神生命不講代換而講代謝，物質可以代換或代替，精神只可代謝。試觀宇宙萬物，它們都有生命活動，凡活動必有變化，而活動變化的過程也就是代謝過程，蟲蛇蛻去舊皮而更長大，樹幹爲了生長也要裂皮。脫皮就是去舊，生長就是創新。淘舊井而取新水，淘舊始可創新。去舊是毀，是破壞工作，生長是成，是建設工作。人事與自然皆如此，這就是生命眞理，成毀是相反相成的，是不可分的一體的。因此，生命在求變求化的過程中，有毁有成，去舊爲毁，取新爲成，有破壞，有建設，這也是社會生存的要求，也是羣衆生命的要求。孫中山先生認爲物質不是社會或歷史的中心，求生才是社會或歷史的中心，這一認識極其正確，因爲求生也就是生之要求。

就時間看，過去的不必是舊，現在的或將來的不必是新，昨日的舊也許成了今日的或來日的新，過去的舊衣式樣常可變爲今日的新式樣而流行起來。就辯證的觀點看，舊的常可蛻變爲新的，昔年陳酒變爲今年的醇新美釀，古董愈久，其値愈增，舊的腐朽可化爲新的神奇。舊的胞衣孕育出新生嬰兒。尤有進者，新的事物決非無中生有，而是由舊有的事物中蛻變而來。就此種意義說，宇宙間沒有所謂全新的事物。更何況有形的或物質部分的生命雖可分新舊，無形的精神生命却無新舊可言。生命眞理萬古如一，不可以新舊形容。古之太極猶今之太極，古之陰陽猶今之陰陽，我們決不可說古之太極陰陽是舊，今日的則是新。任何事物，只要性質未變，皆不可以新舊論。父親能分新舊麼？宇宙生命能分新舊麼？今人常講新生命，以表示有前進思想。豈不知生命性質，萬古如一，怎分新舊？

柏拉圖教人以善的理型（The form of good）去認識宇宙，其實，善的理型也就是眞的理型。例如眞圓眞方眞理等，就是事物的眞性，而眞性是不分古今中外的。如果是眞圓眞方，在古如是，而今亦然。如果昨日爲圓，今日爲非圓，昨日爲方，今日爲非方，那就不是眞圓眞方。在美國爲圓爲方，在日本爲非圓非方，隨地而變，那就不是眞圓眞方。凡性不變，不可以新舊論，眞理無古今中外之異，又如何分新舊？

就有形的可變的事物說，可以分新舊。何謂新？合乎生命要求或時代要求者爲新，否則爲舊。故新舊乃是兩種相對的觀念，可隨時隨地而改變。人類的社會政治經濟等環境是可變的，就歷史進化觀點看，凡適合環境需要的就是新，否則便是舊，尤有進者，卽使人類需要本身也是可變的，卽其需要可隨時隨地而異、制度常有改革，故就制度講，改革就是去舊取新的意思，舊制度行之旣久，就不免與人類需要脫節，就必須改革，庶可更適合人類需要，如果某種舊制完全不合人類需要，卽便完全廢止及另訂新制，也是常有的事，在一個旣定的社會環境中，如視其全部環境爲舊而廢除之摧毀之，這事是不可能的，也是違背人類理性的。雖然人類不是全理性的，但人類畢竟有理性有知識，人類憑着理性知識，必可認知某部分環境不合理而加以改革，決不會對其全部環境一無認識，等到全部不合要求，再開始突然廢除，世上決無此等事。武王推翻紂王政權，孔子贊之爲「順天應人」的革命，也只是革了紂王舊政權的命，決不是摧毀其全部舊的生存環境。共產革命，不僅要政治革命，也要社會經濟文化等革命，企圖一下子將全部生存環境摧毀，眞是瘋狂！試問一旦之間人類的生存環境皆變成不合理而予以摧毀，新社會又如何出生？憑空想狂熱來搞革命，可說是最危險的一件事。舊制度可以改革，舊環境可以修改，舊政府可以更換，這些事都出乎人類理性要求。事實上現有的進步民主國家也都遵循這種路線。要知道新環境是由舊環境孕育出來的，如把舊的胎胞切除，那麼，新的嬰兒如何出生？腐朽化爲神奇，沒有舊的腐朽，則新的神奇又從何處化生？天尊地卑，人分智愚，人類社會必有階級，此乃出於自然，共產黨幻想新社會無階級，結果在共產社會中却出現了新階級，新階級與舊階級在性質上又有什麼不同呢？共產革命不知相反相成原理，只講毀不講成，只講相反，不講相成，完全違背生命眞理。

第十章 體用

萬事萬物皆有其體與用，集萬事萬物而成宇宙，宇宙也有其體與用。我國古代聖哲視太極爲宇宙之體，而陰陽爲太極之用，用可見而體不可見。太極無窮盡，而陰陽運行也無窮盡。老子說：「言有宗事有君」，宗卽言之體，君卽事之體。老子講道體與道用之處甚多。老子曰：「玄牝之門，是謂天地之根，綿綿若存，用之不勤（竭）。」又曰：「大成若缺，其用不弊。大盈若沖，其用不窮。」老學以易學爲宗，他講的無極或道，就是太極，太極就是宇宙生命的本體，生命不朽，萬古如一，而其活動常新，就是老子說的不弊。我們仔細觀察萬事萬物的活動，皆有其新陳代謝現象，皆顯現出宇宙生命本體的活動是不息的。太極像泉源，萬事萬物像泉水，泉水有源，其流不竭。

物有生死，事有成敗，世人爲聞見所拘，爲感官所役，視生死相隔，視成敗相異，不知物各有主，事各有君，其主其君名爲太極，憑着陰陽運轉而表現爲生死成敗。生命只有一個，却表現爲萬象雜陳，但生命的新陳代謝過程永不中斷，老子說牠綿綿若存，綿綿者，細小也、細小不可見，但確是實在，故老子說若存，若存者，實在而不可聞見也，這個道體之用顯現萬事萬物的除舊佈新，大學稱牠爲日日新。孔子贊易，常使用時用一辭，強調用之時義，萬事萬物的活動皆應時而變，與時偕行，動善時，這應時而變是莊子的話，與時偕行是孔子贊易的話，動善時是老子的話，他們說的不是虛話，都是生命活動的實事。蘇東坡的詩說：「春江水暖鴨先知」，不錯，物皆知時。春雷動而驚蟄，所謂驚蟄，並非說土下蟄蟲害怕春雷，正好相反，昆蟲爲避寒害而冬伏土下，今聞春雷，表示春暖已到，就可出土活動了，醒眼應不勝驚喜，何來驚怕？昆蟲遇冬而潛伏地下，遇春而出土活動，深知時止則止時行則行之義。其實，草木也知時。秋冬來了，草莖枯，木葉脫，春天來了，草木欣欣以向榮，這明明透露出草木生命活動的深沉消息，牠們都有應時而變或與時偕行的能力與智慧。倒是人們的感覺呆滯，反不如草木明快。你不信麼，春氣始發，野外泥土也發出迎春的清新氣味，在隆冬把頭項縮到泥土中的小草也會探出頭來探問春的消息，誰說泥土小草無靈感來？

生命之體與用都是活的動的，宋明儒者講體用甚勤，在他們看，好像體不動而用動，朱子卽主體靜用動之說，俗話說以不變應萬變，最足說明宋明儒者對於體用的看法。其實這種廣泛流行的俗話，沒有道理，也不合邏輯。我們知道動靜一體，天下事物沒有靜時，常在動中，而靜只不過是動的另一面，或動體的一部分。太極既是生命本體，太極動始生陰陽，動始能生，這是很明白的。天下那裏有不動的東西？你說石不動麼，石會風化水化，風化水化非動而何？你說泥土不動麼，泥土孕育多少生物，你說腐朽不動麼，腐朽化爲神奇，這育這化明明就是動。宋儒朱熹乃理學之集大成者，他就認爲陰陽是氣，太極爲理，講理不講生命，那是死理，不是活理。生命是動的，生命之理是動的。旣講生命之理，就不可以說生命動而理不動，把生命與理離而爲二，那就是死理，不是活理，活理是動的變的化的，所以才叫活理，陰陽與太極不可分，就像光熱與太陽不可分一樣，陰陽發於太極就像光熱發於太陽，如陰陽或光熱在動，而太極或太陽不動，顯然違理不合事實。太陽雖名恒星，居太陽系之中心，但太陽本身永在燃燒，燃燒當然是動。太極雖爲萬事萬物之核心，但太極本身亦永在動，於是陰陽也永久跟着在動。舉例言之，物體轉動而產生向心力與離心力，向心力就是陰，離心力就是陽，如果向心力大於離心力或離心力大於向心力，則物體必停止轉動。故在物體轉動除了向心力與離心力外，尚有一種力量，那便是維持向心力與離心力使之平衡的力量，這個力量居於動靜之間，它便是太極。故陰陽和合，宇宙始得運作不息，萬物始可存在，否則宇宙便不能繼續存在。我們可以這樣說，太極就是宇宙生命的核心，失去這一核心便不成生命。有人或許會問，物有生命不成問題，然而事也有生命麼？我們講生命，並非肉體生命，而是精神生命。精神生命是無形的，人間萬事活動是實有實在的，而且可聞可見，這是無可置疑的，萬事萬物的活動都不過是精神生命的顯現，都不過是精神生命的形跡，物有活動，你承認物有生命，事也有活動，你沒有理由不承認事有生命，因爲生命的特性就是活動。又如蟲蛇行進，一屈一伸，屈爲陰而伸爲陽，而支配陰屈陽伸的就是太極，也就是生命本身。由此可知，太極陰陽是一體不可分的，並無玄妙難懂之處。你如果認太極太玄，你叫牠中好了，這中是孔子提出來的，你如果也嫌中字太玄，你就叫牠陰陽中和或動靜中和吧，或乾脆就叫牠生命之根吧。

由上可知，體不可見，其用則可見，體無形而用有形。蟲行屈伸的動作是可見的，但支配屈伸並且使屈伸均衡的力量却是無形的不可見的。屈伸是有形的用，而支配屈申的力量是無形的體。這體也就是生命本體或太極。我們肉眼可見鳥飛魚游，鳥有生命所以才能飛，魚有生命所以才能游。我們肉眼看花，雖然花不能移動，但花遇風則擺動，透發色香，就是花的生命顯現。我們看到沙石腐朽，就不易感知牠們的生命。其實在沙石腐朽中也潛存着驚人的生命力量，可孕育無限神奇。人類感官有限，在我們的感官中，地球是不動的靜止的，事實上地球時在運轉，而其內部也時在變化中，事物變化粗者可見，而精者不可見，甚至居於意表之外。事物之奧妙不可以精粗論，但牠們的確存在。鬼神爲物，極其精妙，我國古代聖哲皆肯定鬼神存在。朱子釋鬼爲歸（屈），釋神爲伸，故鬼神也不過陰陽屈伸變化的結果。鬼神之體雖不可見，但其屈伸之用仍可見。例如物體形色現於掩映，掩爲暗部，映爲明部，掩陰而映陽，如其掩映明暗的代替變化相隔的時間長，就可看的很清楚。如果明暗變換交相代替的速度加快，可能使觀者眼睛發亂，如其交換代替的速度增加百倍千倍或甚至萬倍，則其掩映實體超出人類視覺限度，卽不可見，而其掩映活動消失，那就有點像鬼神了。變魔術的魔術師皆知此理，觀者視力有限，魔術師的變化動作快速，令觀者看了有出神入化的感覺。殺人戲法那裏眞在殺人，障眼法而已。萬事萬物皆有體有用，物體消逝則其用亦去。鳥翼之用爲飛，魚鰭之用爲游，如無翼則飛之用去，如無鰭則游之用失。俗話說事體，老子說事有君，這君就是事之體。事體就是心，萬事皆發於心，心不在焉，則視而不見，聽而不聞。事乃心之用，心如不在，則視聽之事無所附麗，故體去而用失。心如機括樞紐，又如電之開關，人事決於心機，電流決於開闢。意惡則事惡，意善則事善，以事求心，雖不中不遠矣。孔孟皆講察言觀色，「言」、「色」皆心之用，由心用以求心體，就是格物致知，由心體以求心用，就是致知格物。朱熹主張格物致知，就是由心用求心體，陽明主張致知格物，就是由心體求心用，人之言色行動皆心之用，用在外，心在內，道兼內外，由內求外或由外求內，體用相求，可並行而不悖。

人有人心，天有天心，物性活動即天心的顯現。說具體一點，天心就是生命精神，萬物看似無心，但皆有生命精神流注在事物的底裏，潛存在事物的深處。因此，事物活動可以顯現天心。人類憑感官不能認知心體，但心用可以聞見，心用就是事物的活動。惟有理性可以透過事物活動以認知心體。我們的感官只能感知心用，不能認知潛存事物深處的生命精神。生命精神雖爲實存實在，但是無形無限。中庸曰：「道費而隱」，道就是我們說的生命精神，道廣大而無形，那就是無形無限。老子曰：「道之爲物，惟恍惟惚，惚兮恍兮，其中有象，恍兮惚兮，其中有物，窈兮冥兮，其中有精。」又曰：「無狀之狀，無象之象，是謂恍惚。」

老子爲了敎人明白道有實體存在，想指給人看說什麼其中有物有象有精，但他又不得不指回來說，道仍是無狀無象的恍惚。何謂恍惚？就人的感官說，有形的形器世界是可以感知的明確的存在，但無形的生命精神在感官中却是空洞，這空洞就是恍惚。其實老子仍是沒講明白，不必繞圈子，乾脆直接明說人類感官不能認知眞理，眞理對理性說，決不是恍惚，而是實存實在，這樣講豈不明白？生命眞理決非空無。程子曰：「天下無實於理者。」我們說天下無實於生命精神者。生命精神就是天心，天心唯微，太極唯幾。例如春暖花開就顯現了春心，春心不可見，但春暖花開却可見。又如蟲蛇蛻皮生長就顯現了天心或太極生物之心，天心微不可見，生物生長却是可見的。

世人總以爲性命心性玄深難測，難以理解，唯物論者譏之爲玄學，事實上心性就是生命，是實存實在實有的，故心性活動就是生命活動，宇宙活動乃是一個大生命活動。世人囿於積習而爲聞見所拘，對於心靈缺少認識，故對心的存在多所懷疑。莊子曰：「大惑終身不解」，衆人凡民難於了解生命眞理，多認杳不可期，然而他們却實實在在的活在生命眞理中。生命眞理包括眞有與眞無，眞有就是有形宇宙，眞無就是無形宇宙。我們人類的感官可以確認眞有，我們人類的自覺理性可以確認眞無。宋明儒者反對老莊所講無學，但他們又不能不講陰陽，不能不講陰靜陽動，靜就是無或虛，而眞無眞虛都是實在，如硬加反對，實無道理。事實上儒道二家皆宗易學，根本沒有互絀的理由。

第三篇　人生論

第一章　天與人

人，是自然的一部分，是天的一部分，衆人稍一用思，卽知此事。法哲孟德斯鳩作法意一書，認定法源出於自然，卽法之本在自然，雖然法由人立，如違背自然，其法就行不通，我國聖哲治學，極重天人之辨。易學講立象以爲天極。孔孟老莊皆宗易學，皆主法天法象知天知人，建人極以從天極，中庸講率性，大學講明明德，孔孟講明誠盡性，老子講法自然，莊子講任性命之情及法天緣形貴眞，皆主張人之行事，不可違背天性，其他諸家如墨家名家法家陰陽家等，乃儒道二家之派生支流，其思想歸根說來，皆以易學爲本，故易學可說是中華的民族哲學。學究天人，確爲中國學人爲學的最高境界（見拙著易學源流及其精義）。

天卽自然，人卽人爲。爲之出於天者爲天行，爲之出於人者爲人爲。人爲如出於人性，雖爲人爲，亦屬天行的一部分。動物及人覓食求偶的行爲皆天行也。然而人爲如果違背自然情性，那才是眞正的人爲，那就是僞。人體微弱，不敵牛馬，人在天地間可謂渺小。但人有自覺理性，可使人類行爲突破本能的樊籠而超出禽獸生活。人類行事有諸多部分與禽獸無異，如飲食男女的欲性生活，如喜怒哀樂的情性生活，如仁愛忠孝的德性生活，皆與禽獸生活無本質上的差異。孟子曰「人之異於禽獸者幾稀」，這幾稀雖少，仍然多了一點東西，這點東西就是自覺理性。人性與禽獸性的差別就在自覺理性。我們在理性宇宙一章談到萬物生活皆表現了宇宙理性，也談物性顯現了天心。但禽獸不能直接的自覺的使用理性以認知生命眞理，不能反省眞理。故人可說萬物皆備於我，禽獸則不能如此。禽獸蟲魚草木完全遵循天性本能這一條受天制約的單一軌道而生活，沒有行動的自由。禽獸也有生活經驗及才幹，但牠們不能自覺的自由思想，也就是牠們沒有反省能力，所以不能辨別是非善惡。草木連身體也不能自動的移動，其所受自然的約束更大，其不自由的程度更高、禽獸生活自古及今改變極少，總是老樣子。牠們遵循自然規定好了的路子而生活，不會發生生活問題，即使生活環境改變，牠們也不能主動應付，一般說，牠們的行動都很正確，即使偶而發生錯誤，牠們也不會檢討及改正錯誤，因此，牠們不會利用生活經驗及積累知識。人類則不然，因人類有自覺理性，能夠反省，能反觀反思。人能自由行動，不大受本能約束，所以就不免常常犯錯，但人能對自己所犯的過錯回頭省察，探求其原因，然後改正。自覺理性就是反省能力，這良知良能固然也出於天，其他動物只有不自覺的理性，故在生活上只能顯現理性，却不能主動的運用理性，人則能主動的運用理性認知生命眞理，這就是人之所以異於禽獸的一點幾稀。莊子曰：「知天之所爲，知人之所爲，至矣。」禽獸既不知天之所爲，也不知己之所爲，更不要說辨天人了。

人生而能反省反思，有思考之自由，時間久了就可認知眞理，不過，理性認知眞理乃是一條曲折迂廻的路，不像善射者一樣一射中的。理性認知的最大特點就是反省，就像看東西一樣，第一次沒看清，回頭再看，一再回頭看，直至看個分曉爲止，當然這只是比喩。反省意謂向內省察，不同向外看東西，反省是想東西。錯誤或眞理不是看的對象，眞理是視而不見聽而不聞觸而不得的，眞理是無色無聲無味的。人只能反省反思才能接觸眞理，而人對眞理不能一想就通。不過想多了想久了，迂廻的想，曲折的想，也許最後可以想通。就像朱子說的「至於用力之久而一旦豁然貫通」，那就是想通了，用心眼把眞理看明白了。孔子教人努力學知，教人「人一能之己百之，人十能之己千之」的去苦學。孟子教人困知，教人苦其心志的去困學，受盡折磨的去困知。眞理難明，由此可見。

我們說眞理就在人心，這觀點難爲唯物論者所接受，一般人也不容易接受。孟子曰：「萬物皆備於我矣，反身而誠，樂莫大焉。」是的，天心人心都是一個心，天性人性都是一個性，認知人心卽可認知天心，認知人性也就認知物性，認知物性也就認知天性，因爲都是一個性，性無二，心無二，說反身而誠，就是說回頭反省向內省察就可看清心中原有眞理——天性天情，誠就是心性生命。生命只有一個，萬物的生命卽我的生命。知道自己的生命，自然也就知道萬物的生命或天命。孔子教人，擧一隅不以三隅反，因爲天下的隅都是隅，知一隅就可知天下的隅。天下的生命都是生命，知自身的生命，便可知天下的生命。孟子說「他人有心，予忖度之」，以己心忖人心，便可知他人之心，他人的心卽我心，因爲心只是一個，此隅卽彼隅，不待偏求。此心卽彼心，也不待偏求。講心學不可有錯覺，如果將心與生命分離，視心獨立於生命之外，那就是錯覺。因爲天下只有一個生命，生命活動也就是心的活動。心與生命不可分。我身有心，也就是有生命。

程明道曰：「在天爲命，在義爲理，在人爲性，主於身爲心，其實一也。」（宋元學案明道學案）程伊川曰：「性之本謂之命，性之自然者謂之天，性之有形者謂之心，性之有動者謂之情，凡此數者皆一也。」又曰：「道與性一也。」（以上皆見宋元學案伊川學案）因此天命義理心性都是指的一個心一個性一個理，天下的心性眞理都是通的。故知天與知人是一件事的兩面，由人觀天與由天觀人，最後看到的是天人一致的那個生命眞理。孔子說誠是天道，「誠之」是人道。天行天道，人能實現天生的心性，實現自然固有的自我，那就是人行天道，那就是誠之。

人生存在地球上，除了大海高山之外，凡人類活動頻繁的地區，其自然生態受人類作爲的影響極深，人類可以改良土壤及物種，改變山川水道，興建人造湖泊堤壩，製造生產交通工具，節制人口生育，訂立各種制度，制服洪水猛獸，表面看來，好像人能勝天，好像人能背天而任意行事，其實人智有限，天的力量無限，人力永遠不能征服自然。卽使人的身體性命也是來自天，人的生死皆由天定。人不能造天，凡人造之物皆無生命。天機無限奧妙，人類對自然知道的太少了。人類就像無知小兒玩物一樣，偶然摸到一點天機，就玩起火來，可能把自己燒死，爲人類計，應該善用天生的理性，首先要努力認知天理，再認知自已的心性，然後才能順乎天而應乎人的有正義作爲。人類自古以來，一直在犯錯誤，人爲的環境有諸多違背自然天性的部分，因而造成人爲的災害災難。原來人事也受相反相成原理的支配，人事活動，利害禍福夾雜而來，只有知天知人之後，始可使災害減到最低度，使福利增到最高度，這就算是人生的最高理想了。

第二章 性僞

人類行爲的構成有兩個基本因素，其一爲自然，其二爲人爲。自然者如性情本能等，人爲者如禮樂制度等，我國古代聖哲常性僞或情僞並稱。晉文公長時流亡國外，反國後創立霸業，當時的時賢就說他「艱難辛苦備嘗之矣，民之情僞盡知之矣」。荀子論學視性情爲惡，視人爲爲善，認定人爲爲僞，而視聖賢積僞之功勝過自然性情。不顧性情，專重人爲，是名符其實的「僞」學。

自然出於天行，不可更易，但禮樂刑政等制度環境乃出於人爲，是可以隨時更改的，在中國古代哲人中，唯有荀子主張聖人不求知天，完全重視人爲的力量，忽視自然性情，殊違易學法天精神，道家重自然反人爲不必說了，卽使孔孟也反對不顧性情而過分人爲。自然與文化確實是人類社會生活的兩大支柱，所謂文化也就是與自然爲對待的人爲一切，但二者有本末的關係，不可倒置。自然性情爲本，人爲積僞爲末，人的行事不可違天。故談人類文化，不可忽視自然，禮樂制度本乎性情，性情是質，禮樂制度是文，是人爲。文就是僞，孔子曰：「先進於禮樂，野人也；後進於禮樂，君子也，如用之，則吾從先進。」（論語先進）孔子的話說的很明白，野人重性情，君子重禮樂文僞，後進禮樂雖較完備，但文僞多，如用之，仍不如先進禮樂之重性情，少文僞，孔子寧取質，不取文，質是性情，原是禮樂之本。林放問禮之本，孔子就說這個問題好大，然後答林放說：「禮，與其奢也寧儉；喪，與其易也寧戚。」（論語八佾）禮文貴奢，情性貴儉，禮文貴易，性情貴戚。人之性情出於自然，沒有悲喜之情，禮文無本，又有何用？基本說來，禮文容易趨向虛僞文飾，奢就是禮文多性情少，儉就是性情質樸而禮文少，故孔子寧取性情，不取禮文，重本不重末。

禮文與詐僞不同，表現眞性眞情的是禮文，是文明，是文化。如果沒有性情而勉強表現，那是詐僞。無喜而笑，無悲而哭，沒有眞情，便是虛僞，虛就是無眞性情，僞就是故爲喜悲。易文言曰：「見龍在野，天下文明。」朱熹註曰：「雖不在上位，而天下已被其化。」有德之人也就是有眞性眞情的人，雖不在上位，但其行爲已化天下，這就是文明或文化的眞義。史記樂書曰：「德者，性之端也；樂者，德之華也；金石絲竹，樂之器也；詩言其志也，歌詠其聲也，舞動其容也，三者本乎心，然後樂氣從之，是故情深而文明，氣盛而化神，和順積中而英華發外，唯樂不可以爲僞。」儒家樂經遺失，而史記樂書這一段話講解樂理極爲精闢，禮樂之文以性情爲本，歌詠聲容皆爲表達性情的華文，「情深而文明」，「氣盛而化神」，無情而文，那就是僞。孔孟講誠，老子講樸，莊子講貴眞，這誠樸眞三者皆指性情德性而言，三者皆與僞爲對待。唯有眞性眞情始可動人動物。莊子曰：「眞者，誠之至也，不精不誠，不能動人。故強哭者雖悲不哀，強親者雖笑不和。眞悲無聲而哀，眞怒未發而威，眞親未笑而和，眞在內者，神動於外，是所以貴也。」又曰：「禮者，世俗之所爲也；眞者，所以受於天也，自然不可易也，故聖人法天貴眞，不拘於俗。」（以上皆見莊子漁父）以上莊子講述性情與禮文的關係及爲何以眞性眞情爲貴，可說講解的很明白了。孔子視誠爲天道，莊子視眞爲受於天，聖賢所見皆同，眞性眞情必發於外，那就是禮樂文明或文化。性情爲禮樂之本，性情重於禮樂。有眞性情者，無悲而哀，未怒而威，未笑而和，何需於禮樂？眞在內者，神動於外，自然原有節奏和諧，禮樂是後起的人爲的，繪事後素，質先文後，性情先禮文後，這乃是大道文序。

仁義忠孝之性，喜怒哀樂之情，旣皆出於自然，當然最爲可貴。不過，禮樂藝文雖出於人爲，如果牠們都是根據性情而制作，也是不可廢的，人爲的力量雖不能改變天生的性情，然禮樂藝文確然可有發揮盡性盡情的功效。禮以理其性，樂以和其情，詩以言其志，歌以詠其聲，舞以動其容，如此就可以提高性情的文明或文化水準，使性情活動更加充實完美，不是更合乎人類理想麼？人類的性情需要活動及溝通，要求羣體的規律節奏，也要求表達的有形的器物條件。我們確認性情最貴表現與溝通，始可動人動物。人類在人爲的環境中常感不自在不自由，但藝文活動可以使人的性情得到痛快的宣洩與疏散，詩言志，歌詠言，舞動容，哭可宣洩悲哀，笑可表達歡樂，怒可顯示人性的尊嚴，這些活動具有傳染的功能，表現出動人動物的效果。其他任何藝文作品如繪畫、雕塑、詩文都有表情達意及感動觀者或讀者的效果。電影電視戲劇體能表演以及宗教學術等活動，都可以有表現及溝通性情的效果，因而提升行爲品質與文化水準，人類性情最忌鬱塞不通，性情像水一樣要流動，才是活的，水不流動便成死水，性情不活動便像死水。在一個既定的人羣社會中，表達及溝通性情的機會越多，文化交流的頻率越高，其社會生活便越充實越活潑越美好。出版界發行高水準的好書越多，讀好書的讀者越多，必然提升其社會的文化水準。因此，人類需要更理想的藝文環境，人類的至性至情需要更完美的發揮。至性至情配合着理想的藝文環境，就可以實現理想的人生境界，孔子曰：「質勝文則野，文勝質則史，文質彬彬，然後君子。」（論語雍也）話說的眞好，質野與文史都不是理想的人生境界。所謂文質彬彬，就是說配合理想的藝文環境以盡量表達及溝通性情，使之達到完美的水準。在此情況下，文質二者配合的恰如其分，不過史，不過野，過野則失禮文，過史則失性情，文質彬彬，最爲理想。自然力量與文化力量需要均衡配合，自然爲質，表現及溝通自然的爲文，使質不至野，使文不至史，如此，則仁義忠孝之性，喜怒哀樂之情，就可獲致最佳的表達與溝通，在這種情況下，性情活動不但合乎道德規律，也合乎藝術要求，哭美，笑亦美，怒亦美，舉手投足皆美，就可實現眞善美的世界。這不是空想，是可實現的。

第三章 道與魔

中國有一句話說「道高一尺魔高一丈」，很有趣味。道就是上帝，魔就是魔鬼。自古以來，上帝與魔鬼好像一直在戰鬥，從無停歇，尼采說上帝已死亡，眞是一句不明不白的話，也可說尼采在說氣話或瘋話，一般人皆認爲上帝創造宇宙，是男性，是正義的善良的，而魔鬼却對宇宙專搞破壞工作，是不義的罪惡的，是一個標準大壞蛋，魔鬼的力量有時比上帝的還要大，世人都喜歡上帝而討厭魔鬼，在世人的眼目中，上帝與魔鬼這個問題可說其中是非已成定局，那就是說，上帝的一切作爲都是善的對的，而魔鬼的一切作爲都是惡的錯的。

現在我們可追問一句，世人既然認定上帝是創世的眞神，是萬能的，是無所不在的，是正義善良的，那麼，祂爲何不制止魔鬼的胡作亂爲呢？而且上帝旣造萬物，魔鬼是否也爲上帝所造？作者在年輕時候，曾請教過一些外國牧師或佈道家，其中包括美國名佈道家 Billy Grham 在內。他們以爲我們人類不了解上帝的意思，故我們人類不能回答這個問題，後來作者學力與經驗隨時增進，對這個問題的興趣也與時俱增。最後總算找到了自己認爲滿意的答案，這個答案很高明，而且是早在五千多年前就有了的，那就是我國作河圖洛書的聖人所提出的答案。

我們知道我國有一個中華民族哲學——易學，它的源頭就是河圖洛書，後來伏羲根據河圖而作八卦，再後歷經文王周公孔孟老莊及歷代頂尖學人的苦心經營，就成了一部很有系統極其高明的易學。莊子說易以道陰陽，不錯，易學講的確是陰陽變化相反相成的宇宙及人生的辯證原理，比西洋的唯心或唯物辯證法早了五千多年。易坤卦文言曰：「陰凝於陽，必戰，以其嫌於無陽也。」朱子釋神爲陽之申，釋鬼爲陰之歸。神中鬼歸，陽中陰屈。說明白一點，陽很像上帝，陰很像魔鬼，宇宙萬物的運動都受相反相成的陰陽變化的原理所支配，其相反的結果是相成而非互毀。上帝像陽是建設的力量，陰像魔鬼是破壞的力量，上帝與魔鬼雖然互相對立，却不能相無。在人看，魔鬼代表惡勢力，天下壞事都由他一手做出。人說病魔纏身，人爲什麼生病？準是病魔幹的勾當。人又說好事多「魔」，魔鬼生性喜歡做惡，討厭人間好事，一有好事，他準來給你破壞或折磨你，結果好事也必得多磨，魔者，磨也，眞是妙絕！我們可以觀察，上帝行處，必有魔鬼跟隨，上帝與魔鬼似乎是不可分的是一體的。這和陰陽一體有什麼兩樣？人都想享福，不思受禍，偏偏自古以來，就沒有一生享福而不受禍的人。福大禍多，就像樹大招風一般。人間萬事，不論大小，總都是有順境，也有逆境，有成功，也有挫折。人活着就要生病，就要感受生理與心理的痛苦，就要遭受千端煩惱。人說人在福中不知福，事實上人世間沒有純福，幸福來時也帶來煩惱，沒有終生享盡純福的人。好春不常在，好花不常開，這是眞理，眞理不因人的喜惡而改變它自己，人類的善惡觀念絕不能改變眞理，仔細觀察宇宙人物的活動，都有一個共同的現象——新陳代謝。在新陳代謝過程中，時在除舊，時在佈新，時在毀，時在成。例如蟲蛇時在生長，也時在蛻皮。蛻皮是毀，是破壞，是痛苦，然而却爲蟲蛇生長所必需。你可不能只要生長而不要蛻皮毀壞，因爲無蛻皮毀壞也就沒有生長建設。因此，蟲蛇的生命要求生長，也要求毀壞。同理，我們也可說，人事活動要求成功，也要求失敗，事物的活動要求順境，也要求逆境。人生要求上帝，也要求魔鬼。道無魔不足以爲道，魔無道不足以爲魔，原來道魔竟是一體哪！

易雜卦曰：「革，去故也；鼎，取新也。」不去故何以取新？不破舊何以立新？如無新陳代謝，就生物說便是僵化老死，就人事說便是停滯退化，天下事難如人願，不合人願或違背人願的事，倒是十居八九。人都願長生，偏給你短死。人都願幸福，偏給你禍殃。人都願和平，偏給你戰爭。人都願健康，偏給你病菌病毒。人都要歡樂，偏給你悲悽。人都喜歡上帝，偏有魔鬼，人都願貴，偏給你賤。人願多多，失望也多多。不要怨天尤人，要緊的是要認知眞理，眞理不顧人願。眞理是：上帝與魔鬼是一體的，萬物萬事都需要陽，需要上帝，也需要陰這個魔鬼。樹木生長，時在落葉，時在脫皮，這落葉或脫皮對樹來說，顯然是一種痛苦犧牲，但却爲生長所需要，到了冬天，樹葉落的更多更快，甚至木葉盡脫，以避寒害，諸多昆蟲到了冬天，爲了避寒而蟄居地下，完全停止活動，以退爲進，始可存身。到了來春，春雷驚蟄，蟄蟲或甚至蟄獸，再復醒復出，這種生之痛苦，自非蟄蟲所願，然不蟄又如何？

園藝匠人爲了要使果樹多生果實而且肥碩，必須對果樹枝葉多加剪除，以便果樹通風良好多受陽光，果樹需要這種魔鬼的破壞工作。良醫動手術，決不吝惜病人的敗血腐肉，因爲只有破壞徹底，始可保護及促使新肉的良好生長。科學認定疾病乃病菌或病毒所引起，然而健康的人也常注射疫苗，任由病菌入身，足見病魔對人身健康也有助益。事實是，健康也需要病魔工作。我們可以這樣說，天下的事事物物的活動都有正反兩面，正爲陽而反而陰，這正負兩種活動的力量皆出於自然，正的上帝與反的魔鬼協手推動事物運轉。就好比演戲一樣，正反兩種角色合作始可演出好戲。但合作並不一定都走同一方向，如果一齣戲都是正角色，這戲就難演了，不易有成功的演出。做事也是一樣，做事如欲成功，有時從反的方面着手反而容易順手，事情既然有正反兩面，有時必須做反面工作，始易用力，例如跳遠，跳前要反跑，然後才能發出正跳的力量，沒有反作用，正作用必消失。沒有離心力，那有向心力？這是物理，也是人理。同此我們可以說，有禍就有福，有利就有害，有順就有逆，有加就有減，有高潮就有低潮，這些對待，是一體不可分的，兩不可相無。世人以爲上帝的住處是天堂，魔鬼的住處在地獄，那完全是天眞的想法，事實上却是天堂也有魔鬼，地獄也有上帝。你說上帝是萬能的無所不在的，也等於說魔鬼是萬能的無所不在的。陰與陽是等價的，魔與道是等價的。說魔惡而道善，那是人的說法，魔道無善惡可言。人生需要道，也需要魔，如果說道是眞理，魔是反眞理，這是空話，事實上眞理有反正兩面，如說正面是道反面是魔，那就是實話，因爲眞理確實具有反正兩種性質，你說它的正是道是上帝，你說它的反是魔是撒旦，都是名異而實同。儒家講仁義，春生夏長是仁，秋冬肅殺是義，仁是上帝的工作表現，義是魔鬼的工作表現，仁生而義死，仁上帝而義魔鬼。那還不等於說上帝創新魔鬼除舊或上帝司成魔鬼司毀麼?·歐陽修秋聲賦說「物過盛而當殺」，讚美秋氣肅殺乃天地之義氣，眞是見道語，仁而無義，便不成仁，上帝無魔鬼，便不成上帝。說穿了，就像陰陽一樣出於太極或自然，上帝與魔鬼皆出於自然，不管人類喜愛與否，魔鬼與上帝同在，而且是永恒同在。就像陰與陽同在，而且是永恒同在。

第四章 生 死

就人生來說，生與死都是極重要的大事，一般人總認爲人活在世上，榮華富貴始有意義，如果人死了，一切皆如煙雲消失，則榮華富貴與己何干？就天看，生死乃是最自然的事，人既不能拒生，也不能拒死，故生與死對人都是不自由的，都無選擇餘地。因此，如問人爲何而生及爲何而死，是無意義的問題。

莊子齊物論主張齊彭殤一生死，王羲之譏之爲妄作虛誕。王羲之以爲生死有異，生足歡而死足悲，是乃人情之常。今莊子竟然視長壽的彭祖與短命的殤子是一樣的，怎麼可以呢？而且物之不齊，物之性也，今莊子竟視萬物一齊，視泰山爲秋毫，非虛誕而何？右軍曰：「死生亦大矣，豈不悲哉！」其實，王羲之是由人的觀點來看生死，莊子是由天的觀點來看生死。二人觀點不同，結論大異，無足為怪。

世人皆知，人物皆有生死，人作不成長生神仙。秦皇漢武，二人富有天下，享盡人間榮華，然而他們兩人仍不滿足，都想長生不老，都想作神仙，說來幼稚可憐，為了想永享富貴，不擇手段的求作神仙，真是被富貴弄昏了頭，到頭來却換來無窮失意之悲。其實秦始皇漢武帝也是人，富貴只能滿足人的物質欲望，但物質欲望的滿足却非人生幸福的重要部分，得失是一體的，得於此者失於彼，彼此兩得是不可能的，得到物質幸福，大概就會失去精神幸福。得失相反，但不相成，得中有失，失中有得，這才是相成。如果一個人只看重物質欲望的滿足，只重耳目聲色之娛，終必失去精神幸福。在物質欲望裏打轉的人，演的是悲劇角色，富貴的人如秦皇漢武沒有得到精神幸福，感到生活空虛，他們仍需要追求眞正的幸福，但追求神仙，却走錯了路。

一般人看，生在陽間，死在陰間，生死幽明是絕對的相隔相異。生可歡，死可悲，這種生死觀完全為形所役，看不見生命本體，最為可悲，世人對樹木花草的榮枯，多漠不關心，對自己親人的生死就給與關切，對自己的生死最爲關切，這種私我的心理使人只見私我的生命，不見宇宙的大生命。人物皆有生死，故人物的命運相同。如果能看清生命本身是不朽的，生死只不過是生命活動的兩種表現形式，打破私我的心理，打破生死相異相隔的觀念，就可走出有形的生死樊籬限制，看清物我或人我之間存有相同的生命，這時就可不受有形的生死形式的拘束，而廓然大公的生活。天下的水都相通，人我或物我的生命都相通，然而私我心理將人我或物我的生命隔離開來，無異自宣死刑。就像一汪水與其泉源隔斷，必成死水。

生死幽明是絕對相異相隔麼？人皆知黑夜過去就是白天，晝夜相代，永無休止。晝夜何曾相隔？物之生死出於自然，有形的生命可見可聞，停止呼吸謂之死，草木枯萎謂之死，但此乃有形的物質生命。人的屍體或草木腐朽仍存有無形的精神生命，何以知之？因爲腐朽可化爲神奇，新生的神奇如靈芝香菇皆出於腐朽，皆有生命活動，腐而不朽，就是無形生命的具體顯現。人說死了，就有形的生命看，確實是死了，但就無形的生命看，却是死而未了。不僅死而未了，而且舊的腐朽可孕育出新的生命，證明無形的生命並未因人的斷氣或草木的枯萎腐爛而活動中斷。何況草木死後留有新種，人死後留有子孫，他們的生命代代相傳，綿延不絕，在在證明草木或人類具有無形的生命，表現爲新陳代謝形式而活動於無形，如說眞正的生命死了，既違邏輯，也不合事實，因爲事實上生命活動並未中斷，怎可說是死了？人的肉體生命有生死，但人的精神生命却無生死，如果說精神生命有生死，旣背邏輯，也不合事實。判斷眞理的存在，不可憑感官形象，要憑理性認知。

由上所言，眞正的生命乃是無形的精神生命，決不是有形的肉體生命。在層次上說，精神生命高於肉體生命，在價值上說，精神生命也高於肉體生命。肉體生命受時空約束不得自由，但精神生命却不受時空約束而自由自在。莊子說「與天地並生與萬物爲一」，是指無形的精神生命，因爲天地萬物皆有精神生命流注其間，與人的精神生命並無二致，故曰「並生」「爲一」。若以感知的有形的肉體生命爲生命本體，是荒謬的可悲的。人們貪生怕死的心理乃是一種動物心理，人也是動物，凡動物皆有貪生怕死的心理。牛羊燕雀遇死則身體戰慄，顯由怕死心理使然，悲死亦爲動物心態，生則歡，死則悲，皆由肉體生命使然，而精神生命既然不朽，則無悲死的必要。莊子妻亡，鼓盆箕踞而歌，乃強顏爲歡以抑悲情，在情上說，莊子對妻亡亦心懷悲涼。莊子病將死，其徒欲厚葬其身，莊子不肯，他對其徒說，他以天地爲棺槨，以日月爲連璧，已爲厚葬，至於肉體腐朽，或在上爲烏鳶食，或在下爲螻蟻食，不足掛心。如此對生死之達觀，卽可生的漂亮死的瀟灑，死而不亡，「天地與我並生，萬物與我爲一」，不爲形役，自然不足悲痛。

孟子曰「死有重於泰山有輕於鴻毛」，殺身成仁捨生取義的死就是重於泰山，私鬥而死爲盜爲匪而死就是輕於鴻毛。爲財爲名爲利而生而死就沒有道德價值。爲了侍候肉體生命而爲盜而殺人而放火，並因此而死，就是不得其死。當然，肉體生命也是生命，生命可貴，應該愛惜，這是合於理性要求的。年輕夭折，令人惋惜，可謂合情合理。人活到百歲而病死老死，就不足悲惜。故肉體生命的生死，不牽涉道德價值，人的某些行事才牽涉到道德價值。就肉體說，彭祖活了八百歲，夭子殤子可能只活三年二年，或長壽或短命，但這不關精神生命。莊子齊彭殤，是齊的精神生命，不是肉體生命。肉體生命是不齊不一的，是長壽短命有差別的。然而生命的價值在精神，不在肉體。爲救人救國而犧牲肉體生命，就有很高的道德價值。烈士把自己的死生置於度外而救人救國，就是爲生命眞理而犧牲，這種行事的價值乃爲人類理性所肯定。當然，最有價值的道德行爲，不一定以死求之，如能以生求之，豈不更好？事實上確有不少人有了救人救世的事業，並未犧牲自己的肉體生命。如孔子的教育事業，影響當世及後世極爲深遠，又如張良幫助劉邦打倒暴秦，如范蠡協助勾踐救民復國，如諸葛亮協助劉備興漢以抗魏晉，如禹之治洪水，他們都爲救人救世而創造事業，有功於後世，以生求善，不是更好麼？豐功大業利人利世的人畢竟是極少數，在一個既定的社會中，極大多數的人並無偉大事業，但有不少人却默默行善，依理性行事，也發生利人利世的效果，如做一個熱心教學的老師，做一個身教的父親或母親，做一個清廉的公務員，都不必有偉大的事業或學說，也可以益世的。

世局有治亂，古今如此，不過在亂局中犧牲生命的機會比較多，文天祥岳飛屈原等乃其中之皦皦者，他們三人都是亂世的犧牲者，文天祥受敵國刑殺，岳飛則爲奸相所害，屈原則投江自盡，可說都死的轟烈，算是忠臣烈士了。屈原自殺，死法特異，自殺是否爲道德行爲，不可一概而論，富貴人也有不少自殺的，如富翁自殺，如崇禎皇帝自縊，如屈子投江，三人處境不同，有的因富而死，有的因將失天下而死，有的因已失貴而貧困自殺，故其死皆與富貴脫不了關係。屈子在自盡之前寫就離騷一書，表明了他自盡的心跡，可說是一種特異的遺言。他在書中明示自己忠君愛國，而卜居一文更表明了他的狂傲心態，憤而投江，算是烈士了，但有些人因功課不佳而自殺，因經商失敗而自殺，因愛情挫折而自殺，因畏罪而自殺，這樣的死去就無何可取了。

季路問死，孔子應曰「未知生焉知死」。孟子說「養生送死人之大事」，孔孟的生死觀是矜持嚴肅的，生命原極可貴，豈可輕生輕死？莊子的生死觀是達觀灑脫的。人生在世，不可無生死觀。世人多爲形役，對生死抱持不正確的觀念，視有形的肉體生死爲生命的始終，看不見無形的精神生命之永恒不朽，實在可悲。肉體生命可以顯現精神生命，故亦可貴。老莊講貴生較諸孔孟有過之而無不及，但老莊對死却沒有孔孟那麼嚴肅。莊子主張善其生善其死，這種生死觀可說很圓通很精警。天下至貴莫如生命，故貴生者必善生，做烈士不如做聖賢，以生求善勝過以死求善，以暴除暴不如以善除暴，以武力統一天下不若以文化統一天下。

第五章　樂觀與悲觀

世人常談樂觀與悲觀。何謂樂觀與悲觀？要解答這一問題，必須有學理根據，不可漫談。易學有觀卦，人觀己可有我觀，觀物可有物觀，觀史可有史觀，觀任何事任何物都可有其觀。至於將樂或悲加在觀上，只不過指出觀者的結論而已。事物情況的發展趨勢如有利，就說是樂觀，如果事物情勢的發展是有害的，就說是悲觀，故樂悲原是觀者情感，二者皆富有主觀色彩，常與實際的事物發展情況不一致。

天下事皆處於時時變動的狀態，無時不動，無時不變，無時不化。用莊子的話說，就是「無動而不變，無時而不移」。事物既然時在變化，其變化因子對人來說就有利或不利之異。如果事局發展在觀者看是有利的因子多而不利的因子少，那就形成樂觀，反之，如果不利的因子多而有利的因子少，那就形成悲觀。但所謂利或不利的標準又如何決定呢？人間的利害關係極其複雜，在你看也許是有利，在他看也許是不利，利害參半，凡事有其利，亦有其害，只有利而無害的事是沒有的。混水不如清水，那是就飲用或觀賞說，但混水可以摸魚，故對摸魚者說，混水反而有利，有很多事對甲有利，對乙却有害。你講利害，究持何種標準？

觀者無論甲乙，假定標準一致，則其觀之爲樂爲悲，仍難遽下定論。因爲事局發展因子複襍，人類知識經驗有限，卽使運用思維推理，對事局也不可能有完全的理解。假定一件事情已知有十個決定性的因子，又假定觀者認定其中七個是有利因子，三個是不利的，這個觀者可以持樂觀的態度，但只可說是大概或然的樂觀，因爲也許還有很多不利的因子繼續或突然出現，可能打破觀者樂觀的看法。氣象學已是科學了，但氣象預測常不正確，或甚至天氣變化與其預報根本相反，預測爲晴，結果却是陰雨，預測颱風離去，結果却是颱風滯留不去，嚴正的自然科學尚有誤失，更不用說社會科學了。

我們前面說，樂或悲都是情感，情感是主觀的，常與客觀的事物有距離，淚眼觀花花垂淚，喜眼觀花花含笑，同是花，有垂淚有含笑，因觀者而異，何況觀者之樂或悲可因環境而隨時改變。所觀事局亦可隨時改變，其有利因子可轉爲不利，或其不利因子轉爲有利，這是常有的事。因此，一方面由於觀者主觀的改變，一方面由於環境客觀的改變，則樂觀或悲觀也許可能發生倒轉現象，因而難以保持「舊觀」。

觀者的性情對其樂觀或悲觀有決定性的影響，性情活潑的人容易樂觀，性情沉潛的人容易悲觀。浮淺的人容易樂觀，深沉的人容易悲觀，當然，盲目樂觀與盲目悲觀皆對觀者容易造成損害。因爲盲目，所以不能明晰而深入的觀察事局的眞象即相信其利或不利，或只見其有利因子而忽視其不利因子而茫然樂觀，或只見事局不利因子而忽視其有利因子而茫然悲觀，兩者皆易演成悲劇。

樂觀使人奮發進取，悲觀使人審愼謙退。一件事局的變動發展有其順境，也有其逆境，此乃出於自然，無可奈何。人力對於事局的影響有一定的限度，超過限度，就難爲力。例如人類對時代環境就難以人力使其根本改變。不錯，人力對時代環境確有影響，但其影響有一定限度，人力不能在根本上改變它。時代環境極其複襍，人智難以完全理解，又如何能對它作根本改變？個人活在大環境中，審察其時變，遇逆境則應之以退，遇順境則應之以進，也就是時止則止，時進則進，能做到進止皆利，此之謂時觀。在時觀中有樂觀時，也有悲觀時，依時而觀，時樂則樂，時悲則悲，樂進悲退，行止以時，應時而變。遇春暖然而樂，遇秋淒然而悲，應時而與樂悲，可顯現出活潑潑的一片生命，可達到樂悲渾然一體的境界。要知道，生命是無限的，事局是有限的。觀物的活動必須適應時變，以擺脫心爲形役，庶可達到觀物的最高境界。

有人感慨說：「一代不如一代」，也有人高興說：「一代勝過一代」，一則是絕對的悲觀，一則是絕對的樂觀。同時代的觀者竟有絕然相反的「觀」，由此也可以說明觀之爲物是如何的富有主觀色彩了。由變動少的農業社會進入變動多的工業社會，一般人的感覺多以爲工業社會技藝進步物質生活改善而其精神生活反而退步，如此觀點是否正確？共產主義者對人類前途極表樂觀，基督教信徒對人類前途極表悲觀，認定人類將受浩刧，人世末日不遠。物質生活的進步與退步容易辨知，但辨知精神生活之進步或退步就難了。我們知道物質並非精神幸福的絕對必要條件。富人不一定有眞快樂，窮人不一定無眞幸福。老莊教人恬淡清靜不受物累，就可得到至樂（莊子語）。顏回物質生活極貧困，但樂居陋巷，其師孔子讚其賢。現在工業社會中人，熱衷於追求物質生活，很難恬淡，也很難清靜，很多人都迷失在時潮裏，又如何尋求至樂呢？物質生活現代勝前代，精神生活好像前代勝後代。如何提升現代人的精神生活，應是現代人的重大課題。

第六章 愛與恨

愛就是喜歡，恨就是討厭或不喜歡。世人多以爲愛恨是截然相異的，實際上二者是一體的。男女相愛相厭原是極自然的事，也是極平常的事。愛與恨乃是同一種情感的兩面，有時表現爲愛，有時表現爲恨，二者交織運作，這就是正常的人生。俗話說恩愛夫妻不到頭，乃是經驗觀察所得，很有道理。如果一對夫妻只有愛沒有恨，那就不是人情，很難白頭偕老。有愛有恨才是眞正的人生，愛恨皆出於自然，如果只有愛沒有恨，是違背自然或人性的。違背自然，必難持久。

就人來說，都希望相愛，親情友情都需要愛來維持。無奈這只是一廂情願的想法。事實上有愛必有恨，愛而無恨，不成爲愛，反過來說，恨而無愛，也難成恨。二者不可相無，互爲根因。也可說愛恨同體，互相爲用。做夫妻的誰不想白頭偕老，誰不想婚姻幸福。人羣生活只有愛沒有恨，那該是多美滿幸福。然而現實的人生却是愛恨交織，愛由恨促成，恨由愛促成，二者相反而相成，這是眞理。古今中外的學者極少人如此解說愛恨。耶穌墨子要人博愛，孔孟也要人博愛衆而親人，都不講恨。我小時候曾看到不少年輕親友結婚後，男的或女的不久就夭折了，他們夫妻皆極其親暱恩愛，照理說應該幸福終身白頭偕老才是，然而却不幸夭折，眞正應了恩愛夫妻不到頭這句諺語。說部紅樓夢中的男主角賈寶玉與女主角林黛玉願作恩愛夫妻，結果男的出家當了和尚，女的魂歸西天，恩愛夫妻沒作成，就演了一場長恨悲劇，其原因值得深思。

夫妻鬧意見或鬥嘴爭吵，並不見得是壞事，世上恐怕沒有一生不吵鬧的夫妻，卽使是神仙夫妻也離不開愛恨。人都喜歡享受，但任何享受，久必生厭。就像享受美味，再美的味，享受久了，必生厭膩。愛的享受亦如此，愛久了，必生厭惡。不管你喜歡不喜歡，眞理就是眞理，愛恨同深，愛深恨亦深。俗話說：「愛之深責之切」，愛如不深，何來責切？愛與責分明是一回事，愛是建設的力量，恨是破壞的力量，愛成而恨毀，成毀一體，不可分離。愛久必生恨。說實話，父子之間也有生厭的時候，夫妻之間也有生恨的時候，只有愛沒有恨，天下那有這種事？愛恨既皆出於天性，性情生活脫不開新陳代謝的生命原理，除舊佈新乃是生命要求。孔子說唯仁人能愛人能惡人，老子說聖人不仁以人民爲芻狗，都在說愛惡是一體的兩面，愛恨是相反相成的。唯其愛眞理，所以才恨反眞理，聖人愛人類，所以才視人民如芻狗，仁人愛人也惡人。春生夏長是天地之仁，但天地對萬物却施行秋冬的肅殺，這就表明仁生義殺是一體的兩面。幼小的動物皆受母愛照顧，一旦長大，就遭受父母驅逐的命運，對這些自然現象你如何解釋？也許是愛之所以惡之吧，那不等於說恨促成愛麼？

我們決不可以說愛是善而恨是惡，善惡乃是人的觀念。愛恨既出於自然天性，就不可以善惡論，二者對人生皆具同等價值，就像生死是同等價值一樣。人皆貪生怕死，喜生不喜死，爲人所喜歡的事與爲人所厭惡的事，可說多的是。但世人總以爲順意事少逆意事多。其實所喜與所不喜或順意與逆意，都不免是主觀的情緒化。在現實的人生中，愛恨的機會是同數量的，愛極必生恨，就像陽極必生陰一樣的出於自然。只愛人不惡人的人就不是仁人，唯仁人能愛人能惡人，揚善是愛，隱惡是恨。進賢人是愛，退惡人是恨。天生物，天也殺物，自然界確有愛恨的表現。人必有所愛恨，無愛無恨的人是鄉原，是沒有性情生命的人，也就是沒有人性的人，那便不是人。人必有所愛恨，如果一個人沒有愛恨，那是違背自然的。愛中有恨，恨中有愛，無恨則無愛。愛與恨交織活動。我們不能想像不相愛如何相恨，由恨促成的愛才是眞愛，反之，由愛促成的恨才是眞恨。有眞生命，才有眞愛眞恨。你根本就不愛人，你會恨人麼？一個無恨的人必定就不會愛人。

你聽說有愛之欲其死的事麼，這種事可說多的很呢。臺灣某女中有一女生因遭車禍而腦受震盪，二十餘年從未清醒，最後成了植物人。她的雙親日夜辛苦的侍候她，想盡辦法使她恢復清醒，最後絕望了，於是不得已，就想使他們的愛女安樂死，這便是由愛生恨的有力證據。在美國有一父母，生下一個器官不全的嬰兒，其父母不忍見其愛子活着受罪，就請求醫師對其愛子停止治療，令其速死，這又是一個由愛生恨的活例。世上有不少年輕男女互相愛戀，不幸而遭受社會或家庭阻力，因而雙方服毒自殺。人誰不愛生，結果却是恨生而愛死：這些都是表現愛恨的方式不同罷了，人都願生於順境，但處順境久了，必生厭膩，這厭膩便是恨的別名。作者的故鄉有一風俗，女子結婚三日後必須回娘家住幾天，有什麼道理呢？新婚年輕男女極易因相愛而淫蕩過度，因而有害生理，爲防此害，不妨女方回門，男女暫時分離幾天，這並非壞事，這可說是一種生活藝術。須知男女相悅，久了必生厭膩，厭膩就是恨了。如果分離一段時間，厭膩之情就自然會減弱或消逝，那就等於重新喚起相悅之情，故分離乃是一件好事，這乃是應時而變的生活藝術。

生命眞理走的是曲線，故直線式的一生愛到底，就違背生命眞理，不合生活藝術要求。違背眞理，其愛必不能持久。賈寶玉與林黛玉確實眞心相愛，但他們兩個却常鬧意見。尤其林黛玉把眞愛眞恨表現的淋漓盡致。浮生六記的作者沈三白把他的夫人芸娘寫的太好了，好像他夫人百依百順的做到了夫唱婦隨，他們夫妻好像從未吵過嘴或鬧過意見。天地間那裏有這種完美幸福的神仙夫妻！芸娘不是木頭人，她一定有自己的意見或情感。何況男女又有生理或心理差別，是以芸娘不可能和他丈夫沈三白的意見或想法完全相同。男女必有異見異感，在此情況下，只要是活的有眞性情的夫妻，一定會鬧意見的。但鬧意見或甚至吵架，並不影響男女兩情相悅。也許經過爭吵，反而更促進相悅，這便是生活的藝術。白居易寫長恨歌，詳述唐玄宗寵愛楊貴妃，結局却是長恨綿綿無窮期的悲劇收場，愛恨怎分得開？

第七章　道義與功利

漢武帝頗有求治之心，欲知治亂之由，卽位後卽擧賢良文學之士，前後數百人，而獨以董仲舒所提對策最出名。在董子對策中有兩句話曰：「夫仁人者正其誼（義）不謀其利明其道不計其功」，以道義與功利對待，後人講道義與功利卽以此爲本。竊董子之言，意謂仁人講道義不斤斤計算功利，並非擯除功利。後儒却只講道義，而反對功利，將體用割裂，似違董子發言旨趣。文王各卦辭多言利貞。孔子贊易言功利之處極多。孔子乾卦文言解利爲義之和，釋乾始曰「能以美利利天下」。朱子註釋說「利者宜也」。由上可知，古人所謂利，並非物質利益，而是指德行所產生的有利有益於天下的「美利」（孔子語）。至於功字，與利字並稱功利，實爲同義。孔子曰：「崇德而廣業。」（繫辭上傳第七章）又曰：

「聖德大業，至矣哉。」（繫辭上傳第五章）蓋德爲功業功利之本，唯盛德可以生大業，崇德始可廣業，故功業功利二辭含義相同。那麼，後儒反功利實違聖教，講功利不講道義，則功利之體不備，講道義不講功利，則道義之用不明。道義乃功利之體，功利出於道義，故孔子說崇德始可廣業，有盛德始有大業，功業有利天下，名正言順，有何不可？

董子講道義不計功利，話好像說的很明白，其實他並沒有把話說明白。我們只可說道義爲體，功利爲用，德是體，業是用。體用不可分，雖然體重於用，道義重於功利，然而若視功利爲惡而避免或忌諱講功利，那就錯了。要知道，盛德必有大業大功大利，也就是說盛德必有大業，大業必成美利，美利必利天下。不錯，董子講的是仁人，但說仁人只講道義，不計功利，這話仍有語病。仁人講道義，也計功利，爲什麼仁人講道義就不計功利呢？講道義又計功利有什麼不好？當然，如說一個普通人只計功利不講道義，那是標準小人，君子仁人不爲。一般人所謂功利主義，就是只講功利不講道義的主義。孔子說：「君子喻於義，小人喩於利」，子罕言利，孟子曰：「王何必曰利」，這就與美利利天下的利不同了。講私利，結果必損人以利己，有害於道義，孔孟當然反對這種只講功利之用不講道義之體的「利」。

英國哲學家邊沁（Bentham）提倡功利主義（Utilitarianism），不講道義，只講實功實利，以求大多數人的最大幸福（the greatest happiness of the greatest number），此說以大多數人的幸福爲前提，較諸像楊子講的個人幸福主義略勝一籌。但不講道義只講功利，是否能夠求得大多數人的最大幸福，頗有問題。所謂幸福究具何義？英文幸福一字原義只不過是快樂滿足而已。欲求幸福滿足，物質條件固然重要，至於精神方面的快樂滿足就難說了。人生眞正的幸福常由精神產生，人在貧困中亦可得到幸福。但根據功利主義，窮困却不是幸福的條件。顏回過着極貧困的物質生活，然而他不改其樂。貧困而樂，就是精神幸福。富貴的常受富貴的痛苦，沒有得到至樂。對一般人說，死是一件極爲痛苦的事，烈士却視死如歸，甘之如飴，遇死而樂，乃是莊生所謂至樂，這就是精神快樂。

莊子講天樂，也就是適性適情之樂。人能不爲物役不爲形役，就可過一種適性適情的生活，就可得到眞正的快樂，也就是天樂或道德快樂。功利主義不講道義不講天性人性，只一味向外在的有形世界追求幸福，那是舍本逐末的行逕，必爲形物所役，必難求得眞正幸福。外物不能給人帶來眞正幸福，財富權位聲譽常給人帶來痛苦煩惱甚至災害，也可使至親友人分離。賈寶玉生於富貴環境中，但「紅樓」生活却給他帶來一場痛苦的「夢」，結果迫他出家做了和尚，這雖是小說故事，但在現實的人世間，這一類的事確實常有，就以趙麗蓮教授做個活例吧。她出於富貴之家，結婚以後，她的丈夫家庭更富有，照理說她的生活應該是幸福的，然而她在寫給她的臺大學生的告別辭中說：「經驗教我知道，金錢帶來的是罪惡及痛苦，而不是滿足及幸福。我生於一個富有家庭中，長大結婚，丈夫的家庭更富有。但很不幸，是財富分裂了我的家庭，拉遠了我和那些近親之間的距離，金錢剝奪了我一生的幸福，金錢帶給我的只是憂傷和悔痛。」（見 Fareware Address by Lilian Chao）上面一段話原爲英文，爲了讀者方便，譯爲中文。金錢帶給人的竟然不是幸福滿足，而是罪惡痛苦憂傷及悔痛，這種經驗可謂悲慘。趙教授逃難來臺之後，她的生活並不寬裕，但她的教書生活却充滿快樂。愛因新坦自稱他找到了幸福之路（the way to happiness），可與他的相對論等量齊觀。世人皆知他視錢如土，由此也可知他的幸福之路是什麼了。

一個只講功利不講道義的人，很可能認定金錢權勢聲名等爲幸福的要件而拚命爭取，不幸，權勢常使人墮落毀滅。希特勒史太林毛澤東之流都爲了爭取權勢而各自屠殺人命數千萬。希與史皆死無葬身，毛雖僥倖，死後尚有葬身之所，然其寡妻江青及其黨派主腦黨羽皆遭清算而被捕入獄及被判死刑。至於大陸人民恨毛，不必說了，權位能給人幸福麼？愛因斯坦就怕記者尤其是攝影記者，讓記者拍照刊登在報紙上，這對愛因斯坦來說並非一件快樂的事，而是一樁煩惱。人沒出名想出名，一旦出了名，就知道聲名這玩意，並不好玩。

天下事物的發展有正有反，正面發展至極點，一定會向反面發展。就像海潮一樣，有高潮，有低潮，潮水運動不會常在高潮，也不會常在低潮。人事也是如此，人生有順境，也有逆境，有福也有禍，禍福交互而來。福極必禍，禍極必福，所以在有形的功利世界中找不到眞正幸福，眞正幸福之根源在道義，在德性。富貴決非幸福的必要條件。貧困的生活不一定無幸福。英哲羅素曾於一九二〇年代來中國講學，並至窮鄉僻壤的農村遊歷訪問，他看到鄉民的物質生活極差，但鄉民生活的却很快樂，使他感動之餘，改變了自己對幸福的觀念。不只是人，禽獸只要有適性的生活，也感快樂，莊子曰：「澤雉十步一啄，五步一飲，不蘄畜乎樊中，神雖王，不善也。」（莊子養生主）澤雉是野禽，天生而具野性，在野澤中生活，雖飲食困難，也不想被囚在樊籠中而享受美食，澤雉在野澤中生活，自由自在的過着適合野性的生活，逍遙快樂。如果人在不合理的社會制度中生活，就像野鳥生活在樊籠中，不能過順乎性情的生活，必定不感快樂，因此不管人也好禽獸也好，只要有適性適情的生活，就會得到眞正幸福，卽使草木，遇春則欣欣向榮，遇冬則零落殘敗，草木也有生命及性向，不過表現快樂的方式不同而已。

第八章 倫理

物與物間有縱的關係，也有橫的關係；人與人間的關係也有縱有橫，我們中國聖哲把人間的縱橫關係叫做倫理關係，叫這種關係的運作軌道為倫理，另稱物的運作為物理，生命哲學講倫理，亦講物理，但以倫理為重。倫理者，人之所以為人之理也，倫理決於天理，易學講法天，以天為法，以人從天，率性緣形，卽可使天性得到完美的發展，換句話說，欲法天必先知天，然後始可知人，儒道兩家皆認定如此，老子講法自然，亦卽法天之意，不管人類文化環境如何，萬事萬物皆有自然的倫序，當然，這種倫序是天定的，不可更易的，請讀下列文獻：

「天尊地卑，乾坤定矣，卑高以陳，貴賤位矣。」（易繫辭上傳第一章）

「天尊地卑，神明之位也；春夏先，秋冬後，四時之序也。」（莊子天道）

「宗廟之禮，所以序昭穆也；序齒，所以辨貴賤也；序事，所以辨賢也；旅酬，上爲下，所以逮賤也；燕毛，所以序齒也。」（中庸第十九章）

「夫天地至神，而有尊卑之序，而況人道乎？宗廟尚親，朝廷尚尊，鄉黨尚齒，行事尚賢，大道之序也。」（莊子天道）

讀過上述文獻，可知儒道二家皆對人的倫序予以肯定，莊子文義更清楚。宗廟乃宗親祠堂，以血親爲尚，朝廷乃國家官吏辦公處所，官位尚尊。鄉黨乃鄉人聚居的地方，敬老爲尚。行事當然最需賢才，以賢爲尚，故莊子說這乃是大道之序，也就是天定的自然倫序，不可更易，因爲在年齡上說，父親本來就比兒子大，在時序上說，春夏原本就先於秋冬，如何更易？故人類必須遵行自然倫序，始可說是法天，爲什麼儒道兩家皆主尊賢呢？因爲行事需要賢能，以賢爲尚，就是尊賢。在另一方面說，做人貴德，故曰貴貴，孟子曰：「貴貴尊賢其義一也。」所謂其義一也，就是說二者皆出於大道之序。天尊地卑，天地尚有尊卑，人道豈可違背天道？須加注意的是，古人所謂尊卑、貴賤、賢與不肖，係就自然的倫序而言，決無輕視或貶抑的意思。就位序而言，父母尊而子女卑，兄姊尊而弟妹卑，這些都是完全出於天定的倫序，是天道，也是人道，事實上人生而德有厚薄才有高低，這些也是出於天，人力無可如何，故敬老尊賢貴貴賤賤都可說是自然的，現在各國大多實行民主制度，已無君臣之制，但官位仍分高低，高者尊而低者卑，部屬對長官仍行敬禮以表尊敬，若就個人而言，則父母子女都是人，人人都是貴的，今人常使用卑賤一語來罵人，盡失其辭原義，試問父母能使用卑賤一辭來責罵己出的子女麼？那不等於罵自己麼？

儒道兩家皆重視制名或正名，老子曰：「樸散而爲器，始制有名。」（老子第二十及三十二章）老子以樸爲道，道生萬物就是樸散爲器。萬物各有形性，如欲確定的其名分，就需要制名，故必須知天知人之後，制名或正名的工作始可順利進行。換言之，以名制人，以名制物，各從其類，必歸諸天，如此始可盡倫理。儒家的禮樂運動就是重要的制名工作，禮本乎天地之節，樂本乎天地之和，故禮樂本乎性情，而性情活動，最貴中和，孔子曰：「名不正則言不順，言不順則事不成，事不成則禮樂不興，禮樂不興則刑罰不中，刑罰不中則民無所措其手足。」（論語子路第二章）莊子曰：「是故古之明大道者，必先明天，而道德從之；道德已明，而仁義從之；仁義已明，而分守次之；分守已明，而形名次之；形名已明，而因任次之；因任已明，而原省次之；原省已明，而是非次之；是非已明，而賞罰次之；賞罰已明，而愚智處宜、貴賤履位，仁與賢不肖襲情，必分其能，必由其名，以此事上，以此畜下，以此治物，以此修身，知謀不用，必歸諸天，此之謂大平，治之至也。」（莊子天道）莊子對於正名工作比孔子講的更詳盡，他們的主旨都強調事物的自然倫序乃是制名或正名的根本，故莊子明說制名必先明天，明天乃制名的首要，然後依次明道德、明仁義、名分守、明形名。莊子所謂分守，在層次上就等於孔子所謂禮樂，莊子所謂賞罰在層次上就等於孔子所謂刑罰。正名的目的當然是孔子所謂「民有所措手足」，也就是使民行中節，換言之，也就是莊子所謂使人民愚智處宜、貴賤履位、仁與賢不肖襲情。因此，所謂名無異人物形性的代名。老子曰：「自古及今其名不去」，是指說的常名常道，今根據人物的形性而制名，無異根據天而制名。天尊地卑，人有賢愚貴賤，既爲大道之序，依此而制名，也可說近於常名了。

制名與制度不同，現代民主國家皆重視立法訂制，力行法治，這事並沒有什麼不好，然而法律制度是人造的，而且是根據其實際的環境情況而制訂，實際的環境情況常在變動，於是制度與實際的環境情況常常不免脫節失調，因而有制度僵化的現象，反而妨礙人性活動，人常說法律之前人人平等，就法言法，這話固然不錯，但在自然倫序說，物有不齊，人有尊卑貴賤，這些皆出於自然，如硬使其平等，那就是假平等，不是眞平等。國父　孫中山先生對此義論之甚詳，他認爲貴賤賢愚出於天，不可強以人爲使之平等，但法律却強調法律平等，這是法律精神，不是倫理精神。倫理關係不講平等，智與愚是天生的不齊不平，尊卑也是自然倫序，我們不能使智變愚或愚變智，也不能使長尊爲幼卑或天尊爲地卑。儒道兩家主張的名治，據形性而立名，人分貴賤智愚，行事分賢不肖，法天貴眞，不拘於法，不拘於俗，此一倫理精義，世無甚匹，就天倫看，貴者自貴，賤者自賤，尊者自尊，卑者自卑，智者自智，不肖者自不肖。五四運動時代有些所謂新青年分子喊出：「名教吃人」的口號，他們鼓吹打倒名教運動，當時確有不少知識分子對其隨聲附和，我們知道，儒道二家所講名學，本乎天，應乎人，禁得起時代及歷史的考驗，眞理沒有時間性，也沒有空間性，你如何打倒它？想打倒眞理的人，必爲眞理所打倒，狂喊名教吃人的人，根本不知生命眞理爲何物。

西洋也有名學，但西洋名學也就是邏輯學，只講思維法則，不講倫理。換言之，西洋名學講的是物理學，不是人理學。我國聖哲講的才是眞正的倫理學，而非論理學，莊子曰：「天地有大美而不言，四時有明法而不議，萬物有成理而不說。聖人者，原天地之美而達萬物之理。」（莊子知北遊）是的，原名求實，以原天地之美，以明天尊地卑之義，以效四時明法，以達萬物之理，是乃名學之正用。人有人倫，物有物倫，有其倫卽有其理。天尊地卑卽是物倫，尊卑相合而容包萬物卽是物倫之理。父長子幼卽是人倫，父慈子孝卽是人倫之理。天如父，地如母，天尊地卑，皆受同樣敬拜，不分尊卑。西洋宗教將天轉爲上帝，視地

aven 爲 God，另將地稱爲大地母親（Mother Earth），和中國的乾父坤母觀念極相似，我們中國稱父母、子女、兄弟、姊妹等關係爲天倫，極爲切當，因爲這種血親關係出於天，當然是天倫，不管物倫或人倫，旣皆爲大道之序，皆是眞的，此卽爲眞理，天理卽眞理，英字 truth 原義是指事實眞象，如在其上加以定冠詞，就成 the truth，便可譯爲眞理了，因爲一件事物雖眞，如不能久存，便無眞理性質，眞理無時空性，人倫是天倫，倫理是天理，天理不受時空限制，例如父母對子女有慈性，是天生的，人不論種族，時不論古今，國不論中外，爲人父母者皆有慈性，卽便禽獸也如此，這就合於眞理無時空的要件，故慈性爲天理或眞理，其他倫理如仁義等性皆可作如是觀。人有道德生命，有道德生活，可說天性如此，道德生活乃倫理的體現，不是枯躁無趣的，而是活潑動人的。

第九章 價值

哲學講的價值是倫理或道德價值，和經濟學所講商品價值不同，但不能說二者全無關係。經濟價值大體上說是由價格表示出來，不過經濟價值與市場價格也常有不一致的時候，例如一本書的價值對於擁有者可能很高，其出售價格可能很低，甚至低到如售廢紙；經濟價值是物的價值，決於物的品質，品質佳則其價值必高。大理石的品質較粗石爲高，其價值亦必較粗石爲高，反應於價格亦必高；玉石品質較大理石爲佳，其價值及價格亦較大理石爲高。倫理價值雖講的是人的價值，然如講品質，這一點與講物的品質，無何不同，不過一爲物的品質，一爲人的品質而已，有一重要之點，必須注意，即人的價值或倫理價值不可也不能以價格表示。

倫理價值是人的價值，是主觀的而且也是絕對的。例如父子關係是倫理關係，但此種關係不可能有代替品，任何人不能代甲爲父或代乙爲子，故父子關係是絕對的不可能有代替品。在父子關係中，父對子的價值或子對父的價值也都是絕對的沒有代替品，不論甲有業無業，或健康或生病或衰老，他仍爲其子之父，其子某乙仍須對甲孝敬，如果其子某乙因某甲衰老而棄置不顧，其行便是大不孝敬，反過來說，其子某乙如果殘廢，其父某甲也不可遺棄他，否則便是大不慈，也許別人嫌某甲衰老或某乙殘廢，但某甲某乙父子二人不應互嫌，這就是倫理價值的主觀性。行慈行孝，絕對是個人的事，與他人毫無關係，故慈孝沒有代替品，這就是倫理價值的絕對性，如父不慈而覓他人代行慈，如子不孝而覓他人代行孝，那算什麼慈孝？

孟子曰：「權，然後知輕重；度，然後知長短；物皆然，心爲甚。」權是輕重的標準，度是長短的標準，倫理價值是道德行爲的標準，人類行爲並非全部是道德行爲，有不少的人類行爲是非道德行爲，如一個操作機器的行爲，如逛街買東西的行爲，都是非道德行爲。此外，卽使是道德行爲，也不見得皆合倫理價值標準，那就是說，有的行爲雖爲道德行爲，但是不完全的道德行爲，因此，道德行爲有高低之分。道德行爲的品質越高，其倫理價值也越高，故道德行爲的價值是相對的可比較的，不是絕對的，與絕對的倫理價值，不可混爲一談。

非道德行爲的對象是物，道德行爲的對象是人，非法殺人是不道德的行爲，但殺牛宰羊却是非道德行爲，你生氣時可打碎傢具，這種對物的行爲不發生道德問題，如果你打傷親人或任何人，那就牽涉到道德問題，譬如一個兒子故意打傷他父母，那行爲就是不孝，是很嚴重的，不僅要受法律處罰而已。又如欺騙親人或朋友就是不道德的行爲，而不是非道德的行爲，因爲欺騙行爲的對象是人，不是物，爲什麼呢？在商業上存心欺詐，如漏稅或開出空頭支票，這是商業行爲，不牽涉道德問題，因爲商業上的欺詐行爲的對象是物，不是人。漏稅欺騙的是政府，空頭支票欺騙的是公司行號。如果你向你的好友開出空頭支票，存心欺詐，而你的好友又不是公司行號的負責人，這種欺詐行爲就是不道德行爲了，因爲你騙的對象之主題是個人，不是機關行號，不道德行爲當然沒有倫理價值，而且是負的倫理價值，常聽人說某人品性不好，濫用品性一辭，品性無所謂好不好，品性出於自然。孟子主張性善說，品性善有何不可？說某人品性不好，應爲某人品行不好。人的行爲是可以根據倫理價值這個標準予以品評的，就像評詩一樣，我們可以評量詩詞的品質，給以等級如上品、中品、下品等，如詩品太差，可評爲無品，我們說一個人無品，那是很難聽的話，那就等於說，他的行爲不入流或不及格。一個人無論如何在他一生中總多多少少有些道德行爲，不過，如果他一生大部分的行爲都是不道德的，譬如說評量得到二十分，離及格分數甚遠，就可說他無品。聖人德行可得滿分，賢人得九十分，豪傑可得八十分，但這只是方便說話，道德行爲不宜使用分數表示，我們說人是半理性動物，不是全理性的，因此卽使是聖人，他在小孩、少年、青年、壯年時期不可能不犯過失，他可能做出一些不道德的行爲，他也拿不到滿分，尤有進者，道德行爲的品質或價值可以高到無限，卽使給以上品也不足以表示之。如　孫中山先生倡導革命推翻滿淸帝制以建立中華民國，他的救國救民的行爲，當然是極崇高的道德行爲，這比救一人一家的道德行爲，眞是不可同日而語，難道我們可以給他一個上品就算完事麼？要知道他的革命行爲的影響可以觸及永遠，現代的人有什麼法子去評量它呢？由此可知道德行爲是無價的了。

我們上面談到倫理價值不像商品價值可以價格表示，而且倫理價值是主觀的，不能訂立客觀標準加以衡量，那麼，它如何可以爲道德行爲的衡量標準呢？原來價值觀念存於人心，根本上乃是人心中的理性決定了倫理價值。在科學上說，因其研究對象是物，可以製造權度以測量物之輕重長短，印製通貨以測量商品價格，有其客觀標準，但人類行爲與物性質不同，不能到外面去找標準，評量倫理行爲的標準應向內尋求，即以己心忖人心，這就是活尺度、活標準。人有理性自覺，可以辨別是非善惡，理性可以是是善善非非惡惡，此乃活的肯定標準，我們知道，理性管知，德性管行，理性德性皆出於心，也等於知行出於一心，故心能知，也能行，孟子稱之爲良知良能，後來王陽明闡明良知良能而創立知行合一學說，極有見地，知行既出於一心，當然是一體的，心可以同時又知又行。知在內，行在外，二者同出於心，體用不可分。德性是體，行爲是用，行爲出於德性，而德性出於心。內在的德性活動顯現於外在的道德行爲，那就是行，而理性亦同時活動於內心，故知行是合一的。此外，在心中亦存有情欲，亦在心內活動，但情欲活動顯現於外的行爲，不一定是道德行爲，也許其所顯現於外的行爲是不道德行爲，那就成了非與惡。德性活動顯現於外必成道德行爲，那就既是「是」又是「善」了。孟子主張性善，係指德性而言。理性與德性既然同時活動於心內，當然也同時表現爲外在的道德行爲，因此，道德行爲乃是理性與德性同時活動的結果。換言之，就是理性之知與德性之行的合作產品。爲說話方便，我們說個知與行，其實只是一個道德行爲，怎可把其內在的知與外在的行截然分開呢？道德行爲的價值也就是知行合一的價值，也可說，知就是行，行就是知。

王陽明講致良知及知行合一，其學旨絕對正確。不過他在講說的時候沒有把倫理的知行與科學的知行分淸，是一大缺失。王氏確實反對聞見之知，這是他明說過的事，然而他却解說不當，例如他常列擧知饑知寒及好好色惡惡臭等大學所述事例以說明知行合一，就擧例不當。事實上知饑知寒乃是感官之知，好好色與惡惡臭乃生理之行，皆與倫理之知行或理性之知與德性之行，了無關涉。知饑知寒之知是科學的知，好好色惡惡臭是科學的行，這和知孝行孝在性質上說是迥異的。科學的知行可以分離分工，但倫理的知行是合一的，不可分離或分工。現在已進入電腦時代，美國時代週刊雜誌選出電腦爲一九八二年的風雲人物。一個普通人對電腦所知不多，然而有些電腦專家已將電腦操作程式寫成專書，普通人於閱讀其程式後就可操作。程式爲專家所知，一個普通人不必具此專識，只要依照程式卽可操作，這樣知行就可分離或分工。誠如陽明所言，一個人必先受過饑才知饑或受過寒才知寒，然而饑寒都是生理經驗，科學可以很正確的告知饑寒的生理狀態，腸胃處於何種狀態叫做饑及何種溫度使人感到寒冷，何況饑寒都是感覺，尚難稱做行爲，更難構成道德行爲。好好色及惡惡臭乃感官活動，與道德行為也無關涉。

倫理的知行既不能分離，更不可分工。因為倫理的知行主體是絕對的個人，其知行必須由當事人擔當，不可代替，即不能代知代行。例如兒子行孝，必須兒子自己知自己行，他人不可能代知代行。兒子行孝的對象是自己的父親，世上無任何他人可以代替自己的父親受孝，我們常看到有人僱用他人為自己的老子哭喪送葬，這算什麼盡孝？僱用他人代己行孝，既不知孝，也不行孝，根本就是不道德的行為。朱子講格物致知，陽明講致知格物，如果他們二人都是講的致良知，所格之物是指格除妄念或混濁的意識流，那麼，先講知後講行或先講行後講知，皆無不可。因為知行既為不可分的一體，為了認識此體，說個知與行何妨？知在內，行在外，為了說話方便，講個內外也無妨。心的活動原兼內外，理性與德性皆在心中，皆為內在，但二者同時活動又皆顯現於行事，那就是外在。那麼，我們說內在為體，外在為用，固是方便說話。由體以驗用與由用以求體，方向正相反，體用不可分，即知與行不可分，所以內求與外求皆無不可，二者皆在認識心之「本體大用。」（朱子語）我們曾在上篇認識論詳細分析過心性內容，原來心中除了理性德性之外，尚存有情欲積習偏見思想信仰等，而且這些因素常常會阻礙心靈活動而使其發生偏差，這些反理性反德性的力量，使心靈不能順暢活動。我國古代聖哲對此皆有認識，所以他們才着意講論修心養性之學，而大學的格物致知說便是其中一個有名的學說。理性必有反理性，正必有負，這是易學原理。故心靈活動的過程並非直線而是曲線，倫理價值由曲折迂迴的實踐過程中始可顯現出來，故倫理價值或倫理的知行價值是由實踐來的。人可以極美麗的言辭講論孝道，都與孝行毫無關涉，也與倫理的知毫無關涉。因爲倫理的知就是行，不行不知，不知不行。倫理沒有知而後行，也沒有行而後知，倫理知行是同時活動的，不可分離的。

一般人行事，可有知而後行或行而後知或知而不行。有了主意，然後計劃，然後依據計劃行事，這是科學行事，故可以分段進行。倫理行事不講主意，也不講計劃，只講行。行中有知，知中有行，知行同時進行。如果一個人打着主意或計劃去行孝，那就有功利的動機，卽使表面有孝行，却非眞正行孝，眞正的孝行只是存孝心盡孝性而已。孝出於良知良能，知能二者一體，皆出於天，動則同動，靜則同靜。孝是天性天情，所謂行孝，就是盡孝性盡孝情，如果心底裏沒有孝性孝情在活動而表面做作孝行，那便是虛僞，虛僞便是不誠。中庸說：「不誠無物」，誠就是性情，就是生命。無誠就是無性情，無性情就無道德生命。一個失去性情的人，便失去道德生命，那麼，他的行爲必然也失去倫理價值。我國有二十四孝故事流傳於世，有人評說其中一部分故事是愚行，不足爲訓。由功利觀點看，也許是愚行，如由道德看，不見得是愚行。岳飛、文天祥、史可法及七十二烈士皆爲國犧牲性命，如以功利觀點看，豈不皆愚？須知烈士視死如歸，他們死的很痛快很甜美，爲什麼？人生而有仁義德性，殺身成仁舍生取義，順乎仁義之性而死，自是莫大快事。一個人泯滅仁義之性，作惡多端，就是不受法律制裁，他會活的快樂麼？適性適情的生活才是最快樂的生活，也是道德生活，也是最具價値的生活。一般人總以爲道德生活是嚴肅的呆板的無趣的，那完全是誤解。其實在人類全部生活中，道德生活才是最精采動人活潑而充滿趣味的。充分發揮人性就可以驚天地動鬼神，試問人生價值還有比這更高的麼？

第十章　風俗與宗教

風俗是一種社會習慣。人常說個人習慣是第二天性，這句話雖有語病，也可以說明習慣的影響力量是如何深遠了。個人習慣一旦養成，極難革除，好像天性一樣支配個人生活。當然，習慣與天性不同，天性不可改變，但個人習慣無論如何根深蒂固，只要有毅力及堅強意志，一定可以革除。風俗是社會習慣，有時亦稱爲習俗或風習，名異而實同。各國或各民族部落皆有其特異風俗，差異極大。因爲風俗的形成與演化與各國各民族部落的歷史或地理環境具有密切關係。俗話說入國問俗，可見國與俗幾成一體。據人類學的研究，各野蠻的原始社會常盛行食人、搶婚、溺嬰等風俗，對現代人說，這些當然是壞風俗，不過其所以流行，必有其客觀及主觀的原因。如搶婚與溺嬰，就有些人類學家認爲與其男女人口分配不均有關。

風俗的形成常與歷史有密切關係，歷史人物常是形成風俗的關鍵。例如我國端午節吃粽子及划船等活動，就因爲屈原投江自盡，人民爲了紀念他的忠烈精神而形成的風俗。此外，社會環境更是形成風俗的重要原因。例如農曆春節，便由於我國幾千年的農業社會所形成的。歲値農曆十二月終而新正開始，正是隆冬農閒時期，春耕卽將來臨，農民們一方面送舊歲，一方面迎新年，如果遇到豐收年頭，則過年的氣氛更顯得歡樂鬧熱。中國人過年很富有宗教色彩，迎神接福，祭拜天地神祇，祭拜祖先，甚至拜井拜樹，可說無所不拜，正說明了中國人的宗教情操及其寬容精神，西洋宗教是一神教，只拜奉上帝，我們中國人却奉拜多神。歷史人物如關羽、岳飛都奉爲神靈受人崇拜，甚至小說中人物也可成神受人敬拜。山有山神。水有水神，古木古井都有神，乃是典型的多神宗教。西洋人拜耶穌，回教徒拜穆罕默德，佛教徒拜釋迦牟尼，都是由人而轉化爲神而受人敬拜，這和我國祭拜孔子老聃同樣具有宗教性質。中國人拜祭祖先，極富宗教精神。視歷史人物爲神而拜祭之，這便是祭鬼，與祭祖同樣是拜鬼。視天地、日月、山川、火木爲神而拜之，那就是祭神。拜鬼拜神當然是宗教，故宗教與歷史常交織在一起而形成風俗。至於中秋節吃月餅一事，傳說是爲了反抗元代異族統治，在月餅中裝有羣起殺韃子的傳令，表現了民族革命精神，故中秋節由歷史與民族兩種原因所形成。然而若無農業社會這一背景，恐怕中秋節的風俗也不易持久。中秋正値八月秋收，農民爲慶豐收而歡騰，這便是中秋節這一風俗所以持久流行的重要基因。此外，我國各地方多有其特殊風俗，如農曆正月十五元宵節燃放煙火，正月十六清晨男女出遊郊野踏青，在華北有些地方就盛行此種風俗。作者曾居南鄭地區數年，每年端午節在陝西漢中地方的人民有出遊漢江的風俗。在華北地區，清明節正是百花盛開時期，也正是旅遊賞花季節。這說明地理環境乃是形成風俗的動因，至於清明節祭祖掃墓，早已是全國流行的風俗了，當然與春季適於旅遊不無關係。中國人重視孝道，講求愼終追遠，這便是文化爲風俗形成的原因。

風氣與風俗不同，風氣流行速度快，流行的時間短。風氣多由於特殊的內在與外在環境變動所引起，如果其環境因素消逝，則其風氣亦跟着煙消雲散，對其社會的影響大多不會久遠。如政治風氣常因政府更迭而改變，在我國專制時代，改朝換代可謂頻繁，新朝開國之君常常努力求治，政治多現清明，掃除舊朝的腐化風氣，因而政治氣象一新。當然，社會風氣會直接受到政風腐化的污染，但政風也直接影響社會風氣，例如貪污就不只是單純的政風問題。社會大衆如果都不走後門向官員行賄，至少可以對政風有所改善。但這只是一項假設而已，就中國歷史看，因爲過去農業經濟生產技術水準甚低，工商業又不發達，又常發生天災人禍，衆多的食口就難逃遭受大規模的饑寒厄運。即使無有大的戰亂或水旱等天災，平時大多數人民的物質生活也常處於貧困狀態，因而助長貪污賄賂的風氣。有人說貪污不只是風氣問題，也成了制度問題，這一觀察殊欠正確。在專制時代，也常出現政治清明民風純樸的時期，也就是史家所謂太平盛世，此時貪污腐化的風氣消逝。既曰風氣，不管政治風氣或社會風氣，都像陣風一般，不會老在吹。人常說某地區對外交通方便，得風氣之先，但風不會老在一個地區吹或氣不會老在一個地區流，即它們總要吹過去或流過去的。在另一方面說，風俗有持久性，在一個風俗形成的初期，也許像風氣一樣風行流行，如果它適合社會與人性的需要，它就具備了持久的條件。像我國的春節、清明節、中秋節等，就早成了善良風俗，也可說是美好的社會習慣，而良美的風俗必成傳統文化的一部分。

各國各社會皆有其特異的風俗，怎樣才算是良美風俗呢？食人、搶婚、溺嬰等風俗雖然盛行於原始的古代社會，但在文明的現代社會中，這些風俗早已消逝。人類社會的變遷及文化進步可以增強某些風俗的勢力，同時也可削弱某些風俗的影響甚而使其消滅。早婚是一種風俗，這種風俗盛行於過去的農業社會。女孩子到了十五六歲就被視爲是適婚年齡或理想的結婚年齡，如果一個女孩子過了二十歲竟未結婚，就成難嫁的老姑娘了。早婚不是制度，因爲這事不是法律規定，完全出於風俗。現在是工業社會，男女結婚的年齡都延長了，如果一個女孩十五六歲就結婚，倒是反常。男大當婚女大當嫁，到底什麼年齡才是適婚年齡，這不是法律問題。現在民法規定二十歲爲成年，但男女未滿法定年齡而結婚，爲法所不禁，不過需要父母同意罷了。現在以學齡爲準，大學畢業年齡是二十二歲，如果在過去的舊社會看，二十二歲的大學畢業女生早已過了適婚年齡，但在現代的工商社會看，她還年輕，再過幾年再結婚不遲。因此我們可以說，早婚這一行之已久的風俗由於社會變遷及文化認識的改變而歸於消逝。再說年節中秋節端午節在舊日社會中的過節氣氛極其歡樂，現代的人過節熱情及興趣已愈來愈淡，與舊日過節情況實不可同日而語。同樣過節，但其情感及興趣却今昔不同，實由社會環境變遷使然。古人祭天典禮極爲隆重，今人很少祭天。古人無論軍國大事如出征結盟或小如出獵出遊，諸多活動都舉行祭拜典禮，而且極其誠敬，現代的人則缺少這份誠敬心情。

人生在世，需要宗教信仰，宗教活動出於人性需要。凡人皆有宗教情感，當你看到巍巍高山，千峯湧起，不由你不興崇敬之情。當你乘船航行於大海中，浩浩無涯，波濤觸天，不由你不心懷敬畏，一個健康的人忙着工作忙着生活忙着遊樂，大概很少想到天或上帝，一旦遭遇非常事變或面對死亡邊緣，慘痛絕望之餘，不由他不想命運之神，凡此都是宗教情感的活動，而且人不論智愚，皆有宗教情感，這便是人性。我們前面說過，宗教乃是形成風俗的重要原因之一。我國大部分節日都有拜神拜鬼的成分，都富有宗教色彩。拜神拜鬼或拜祖先也好，拜活人也好，最重要的是誠敬心情。孔子曰：「祭神如神在，吾不與祭，如不祭。」（論語八佾）如果在祭神時，心不在焉或身不在焉，缺少誠敬心情，祭拜即無價值。個人祭拜固甚重要，如果發動祭拜的風俗力量，使社會大衆都能參加大規模的拜祭像清明節拜祖那樣，當然更好，風俗旣是社會習慣，如果培養及推動風俗力量使之形成社會運動，自可發生鉅大的社會力量，然後再以社會運動推動政治、經濟、文化等改革，必定容易成功。風俗有厚薄，其所以有厚薄乃由遵行風俗的個人誠敬心意而定，故誠敬乃是衡量風俗厚薄的標準。如其誠敬多則風俗厚，否則便表示風俗薄。誠則靈，故其風俗靈光，不誠則風俗便不靈光。俗云入國問俗，一個國家的力量可由其風俗代表，觀其風俗醇厚，其國力必厚，觀其風俗澆薄，其國力必薄。亂世風俗薄，治世風俗厚，風俗之厚薄關係於世之治亂，風俗的影響力由此可見。一個賢明政府一定努力於提倡及推行良美的風俗，培養人民的誠敬宗教情感。在我國社會中有很多合於人性需要的風俗節日，如清明節掃墓發揮愼終追遠的敬祖精神，教師節祭孔發揚尊師重道精神，端午節划船紀念屈原的愛國反奸精神，這些也都是我國傳統的文化精神。良美的風俗原本就寓有極大的教育功能，國民受到風俗的逐漸薰陶，在不知不覺中就可以培養其誠意眞情，乃是最有效的教育，無形中提高了國民道德生活品質，促進社會的安定力量與精神幸福，顯現良美風俗的力量。

第十一章　民主政治

在十八世紀英國因機器發明而引起工業革命，隨而引起社會變動，也產生了近代民主政治，由此看來，近代西洋的民主政治歷史只不過二百餘年，現在民主政治已蔚成世界政治的潮流，除了文明落後的地區及實行共產獨裁的國家外，大多國家皆實行程度不等的民主政治，成立了民主政府，因此部落酋長政治或君主專制政治已爲歷史陳跡。民主政治是一種政治制度，更重要的，它也是政治思想，雖然政治形式有內閣制及總統制等不同，究其內容，大體上可說政府權力分爲行政立法及司法三個部分，三者分立而互相制衡，同時實行多黨制及主要官員由人民選出並有固定任期。選擧乃民主政治最重要的活動，另有民意與輿論爲其雙翼。因此，凡無民意或輿論的國家可說在實質上就不是實行民主政治的國家。

凡民治國家的行政元首、國會議員以及地方行政立法等重要人員皆須由人民投票選出。由人民所選出的總統或首相負責組織政府，由人民選出的議員組織各級議會，並由多數人民選票所決的政黨組織議會掌握國會大權，這乃是民主政治的常軌。

民主政治不只是制度，而且更重要的是推動眞正民治的民主思想。民主政治重視個人自由、重視法治、重視集會結社、宗教信仰、通訊、意見表達等自由，也就是重視人性尊嚴與人權。不過，各民主國家因其社會歷史文化等環境情況不同，其民主的內容及水準自然有異，譬如就人權來說，各民主國家重視人權的程度不齊，在所謂先進的民主國家如英、美、法等國，因其實行民主政治的時間較長，經驗較豐，故其民主制度的運作基礎亦較穩固，所以違犯人權的事件極少。在後進的民主國家中，在大選時常有暴亂事件，不過在痛苦的考驗中，大多數的後進民主國家似乎皆未動搖其實行民主政治的決心，自然會對其民主政治漸加改進，由於社會變動、知識發達、文明進步，君主專制已不合時代與人羣的需要，代之而起的是民主政治，這是時代潮流。民主政治也就是民意政治，國家官吏由人民投票選出，實在就是選民授權的行爲(mandate)，如果政府施政過度不合民意，那就根本不是民主政府了，因此我們說，違背民意的政府根本違背民主政治的原則，必不會對選民負責，那就違背民主政治的責任原則，這種政治，必不會對選民負責，必不會重視選民的福利，在民治發達的國家，這種政府必然垮臺。

我國實行君主制度三千餘年，由君主政治制度演變爲君主專制制度，也實行了二千餘年，其歷史不可謂不久。舊日農業社會組織單純，工商業不發達，知識傳播緩慢，復以國土領域廣大，佔絕大多數的農民人口保守習慣深厚，故其耕作只在滿足口腹，免於饑寒，多無政治欲望，因此只要沒有大規模的天災或異族入侵，只要政治不過度施行苛政擾民，人民決不會自動起而推翻政府。可惜過去二千餘年的君主專制政治，治期短而亂期長，窺其原因，多在改朝換代之後有一休養生息階段，於是人口陡增，食指日繁，使落後的農業生產技術難以負供養之責，不幸再加政治腐敗或水旱爲患，迫使農民走向饑寒流亡之途，亂源已成，國家就難得安寧了。中國君主專制制度到了滿清，如無國際關係這一因素的影響，很可能仍可維持下去，最多不過改一次朝代而已，可是事實却是，帝國主義強勢的軍事武力打破了閉關自守的局面。國父　孫中山先生乘勢發動革命推翻滿清政府之後，決心實行民主政治，然而國人一無民治經驗及思想，君主專制思想餘毒猶深，復以政治野心家及軍閥的橫加梗阻，另外又有帝國主義各國家從中挑撥離間，因而內亂不已，北伐統一之後，日本帝國主義又公然對我發動侵略戰爭，於是中國共產黨乘機坐大，並乘我政府八年抗日戰爭疲憊之餘，利用和談、滲透、顚覆等詭計，終使大陸淪陷。回顧自民國成立至大陸失守三十八年間，皆處變亂之局，此乃我國實行民主政治所以未見大效的根本原因，政府於遷臺之後，力行民主政治，迄今成效顯然，在大陸時雖有實行民主決心，然內亂外患交相煎迫，客觀條件太過欠缺。須知民主政治需有先決條件，那就是工商業發達、高的國民知識水準、健全的政黨組織等條件，各國國情條件不同，其民主政治的內容及模型不必盡同。

任何制度皆有其歷史的、地理的、民族的、文化的背景，然後再根據人性及時代的要求而制訂而推行而修正，始可言效果，民主政治這種制度也不例外，例如英國的民主制度，仍保留虛位元首的皇帝以對外代表國家，美國就沒有皇帝問題這種顧慮，而且民主政治的思想及其哲學也並非憑空而來，各國國情不同，其民主思想及其哲學必難盡同。不過大體上說，近代各國民主政治的誕生皆由反抗君主政治而來，其發展過程是頗曲折複雜的，從歷史看，推動民主政治的是民主精神及民主哲學。因此，如果只具備客觀的條件如工業發達、知識水準等，實行民主政治並不能保證成功，例如德國確實具備實行民主的客觀條件，但納粹哲學却使德國轉爲獨裁，又如日本，由於侵略失敗而接受民主哲學，才使它轉頭實行民主政治。民主政治講自由平等、尊重少數的權利、維護人權、講人性尊嚴，這些都不是制度問題，而是思想及哲學問題。美國可說是很民主的國家，但對其黑人或有色公民仍存歧視心理，其立法及其執行常對黑人造成傷害，就是危害人權及人性尊嚴，實在違背民主精神，但美國卻口口聲聲要求其他國家尊重人權，近乎可笑。又美國婦女的工作待遇，一般說較男子爲低，損害婦女權利，也就是侵犯了婦女的人性尊嚴。當然重力工作，婦女不如男人，但勞心工作如教師，男女應無差別，但美國婦女教師的待遇卻較男性爲低，這不是人性損害麼？在這方面說，我國男女教師的待遇是平等的沒有差別的，這件事倒比美國更有民主精神，在不少的民主國家中，共產黨是合法政黨，在我們北伐及抗戰時期也曾視中共爲合法政黨，但自從大陸淪陷之後，我們視中共爲非法政黨，是我們的敵人。因此，它向臺灣施行非法活動，我們就予以嚴處。這便是我國的國情。在我們的民主哲學中有反共一章，對我們說，反共是天經地義。我們也認定臺獨組織爲非法，臺獨鼓動暴亂，我政府就依法處理以保社會安全，這是法律問題，但有些民主國家的人士卻認爲我政府違犯人權，他們以爲臺獨暴亂是政治問題，如此觀點衝突，難以協調，這根本是哲學問題。根據我國傳統，造反是很嚴重的活動，不過，近年來我國對於受到中共蠱惑而對我政府進行顚覆工作的知識分子卻量刑極輕，不過處以二、三年監禁使之悔過，這不能不說是尊重人權的一大進步。須知中共政權乃我之大敵，爲敵人向我進行顚覆工作，此事卽使在最民主的國家亦爲法所不容。

世間沒有完美的制度，在民主制度的演進過程中雖改進了不少缺點，但各國環境不同，各自的成就亦不同。民主政治極重選擧，理想的選擧應該是選賢與能，過去我國在君主專制時代所實行的考試制度或有些皇帝所使用的選拔賢良方法確實可以選拔出眞才實學的人，而民主國家的選擧常以財勢決勝負，勝利者不一定較失敗者爲賢能。我國二千餘年的君主專制制度所以能夠長久維持，實在得力於考試制度極多。優秀的讀書人出仕多由於考試一途，憑考試成績出而爲仕，遠比憑財勢選擧更有價値。另有圖治之君如漢武帝使用賢良對策方式，亦可選拔不少眞才。尤有進者，一般選民對於競選的人大概極少有深入的了解與認識，而率然投下選票，其選票價値如何可知。又多數票或較多票當選，甚至投票率不到三或四成而距選民的半數尙遠，候選人也可當選，由低投票率而獲當選的官員或議員所組成的政府或國會，其政治基礎必然薄弱，難趨穩固。尤有進者，民主政治建立在大多數選民的意願上面，但選民意願是隨時變動的，譬如美國實行總統制，一個總統當選人也許在當選之初頗得民心，但如其重大施政不當，常於短期內失去大多數民意支持，這乃是常見之事，因爲國民的利益關係極其複雜，而此種關係常受政治經濟等環境變動的影響而隨時改變，並迅速反應於民意，況且一個賢明總統的重大政策措施不一定有立竿見影的效果，因爲重大政策之施行需要較長時間始可見其宏效，如果重視短見的民意，則長期性的重大改革必難實現。

不過，就歷史看，就時代需要看，或就人性需要看，民主政治乃是進步的政治制度。梁漱溟先生以爲中華民族文化早熟，其智慧已超越民主政治，故不宜實行民主政治，那就是說，對中國來說，實行民主政治是一條不通的路，這一看法頗有問題。我們認爲民主政治是一種進步的政治，最適合人性與時代的需要，民主政治重視自由，重視人權，重視人性尊嚴，重視大多數，但也不忽視少數，重視和平。除非迫不得已，凡民主國家的人民都反對戰爭，民主國家的政黨因受民意制約，不易走向極左或極右路線，卽政黨不易過度保守或過度自由而形成極端勢力。實際上民意鐘擺的常規是，擺向左又擺向右，假如擺向右而不復歸左或擺向左而不復歸右，則可能破壞民主的基礎而走向獨裁政治，獨裁政治必忽視人權、人性、個人自由及大衆福利，必不顧民意，必喜好戰爭，必實行一黨獨裁或一黨黨魁獨裁。總之，獨裁政治必忽視理性而走向暴力，必摒棄和平而走向侵略戰爭。最可怕的是，獨裁政權必剝奪人民自由。要知道，對人來說，不自由的痛苦超過一切痛苦，失去自由也等於失去一切，美國名演說家巴特瑞克・亨利(Patrick Henry)說：「不自由勿寧死」，可謂千古名言。民主政治也可說是理性政治，民主自由無異是理性自由，理性自由就是選擇自由，獨裁政治迫人走一條路，沒有選擇的餘地，根本違背理性，這是最大的痛苦。一個忽視理性的社會必定沒有法治，人民生活無軌道無方向，危機重重，充滿恐怖，極爲痛苦。在另一方面說，民主政治講民主自由，也就是講理性，理性的活動主要是選擇的自由。人民在講理性的社會中，個人的事由自己負責，生活的路子由自己選擇，個人可以自由選擇職業、住處、宗教信仰、政黨，可以自由集會結社，可以自由表達意見，可以享受個人隱私自由不受任何干擾。總之，只要你不侵犯他人或破壞社會國家的根本秩序，民主社會眞是海濶天空任你翺翔，故民主沒有自由便不成民主，自由沒有民主便不成自由，自由與民主恰如鳥之雙翼，相輔而成，而推動雙翼的便是理性，是理性判定及決定民主與自由的價值。法治出於理性，講理性必講法治，這是理性邏輯。法律的制訂乃理性活動的結果，法律雖常受曲解與扭曲，但法律畢竟代表客觀公平的標準，大體上合乎理性要求，法律的基本精神在維護人羣生活的秩序以確保個人權利與自由。法律原由立法機關所制訂，而立法人員乃由選民所選出，故法律可說根據民意而產生，法律於制定公佈及實行之後，無論政府官員、立法人員及一般國民皆必須遵行，故法律乃是平等的體現，也是民主的體現。在民主社會中決不容許特權存在，特權與人權難於並存，特權愈多，人權愈少，特權愈多，民主愈少。何謂特權？不勞而獲高報酬，無才無學而居高位，凡此皆違背理性，也違背法律平等民主自由的精神。在共產政權統治下，少數共黨幹部無法無天，侵害大多數人民的權利，有特權而無人權，完全破壞了民主精神。

第十二章 科學

人類知識是積累的，到了現代，人類知識的系統化已成科學，科學時代早已來臨，科學所探討的是有形的物質宇宙的奧秘，在求得事物之眞理，因此科學可以增進人類的物質生活福利與幸福。人類生而有求知的欲性與智性，求知的欲性推動求知的智性，於是就走向探求物質奧秘之途。求得物質原理以後，進一步再應用其原理以改善人生的物質生活，這就是所謂科技了。故科學可分爲理論科學與應用科學兩部分，前者注重物質原理的研究，後者注重其原理的應用技術，前者爲本，後者爲末。

物質宇宙充滿了無限奧秘，等待人類去探討揭發，一個科學家只要具有高度的求知熱忱並運用深沉的求知能力，經過艱苦的努力思維與實驗過程，也許獲致良好的研究成果，也許是一連串的挫折失敗，在所不計，這就是所謂科學精神，這種求眞求實的探討精神乃是推動研究進步的動力，沒有這種精神，就不會有科學進步，愛因斯坦於創立相對論之後，他後半生的大半時間用於磁場重力等所謂統一場的研究工作，不顧友人反對，毅然決然去探求物理學界多認爲不可能的統一場理論，結果失敗了，愛氏這種勇往直前的研究精神實不失是科學精神的具體表現。科學重經驗，更重實驗，很多科學家埋首於實驗室中，不計歲月，專心致志，常遭挫敗而一無所獲。由上可知，探求物質奧秘的工作是如何艱鉅了。李政道是一位旅美而獲得諾貝爾物理學獎的中國學人，據報載他正研究時間空間與物質的關係這一個問題，一般科學家皆認爲時空與物質無何關係，他却以爲時空與物質有關係，這一假定如果證明屬實，必可轟動學術界，但如何證明此一假定，乃是艱鉅工作，我們在前面曾談到物質的縱性與橫性乃是時空觀念的根源，此乃根據哲學推理而來。但科學推理最好能使用數學公式予以解說，才容易使人信服。

科學爲人類智性活動的結果，科學對人類的物質生活與社會生活環境具有深遠的影響力量，尤其近代知識增加與科學進步的步調突然加快，也使科學改變人類生活環境的影響力量顯著增加。然而天下事總有相反的一面，凡事有利也有害。科學給人帶來物質福利，同時也帶來人類生存環境的大破壞。工業生產增加，環境汚染也隨而增加。科學發明新武器，增加敵我的殺傷力量。如今核子戰爭的危機仍在，如眞的核子戰爭爆發的話，則人類之族有滅絕的厄運，武力競賽無異是科技競賽。最近美國總統雷根爲了美國自身安全，已公開請求美國科學家們研究及發展雷射光及分子光武器（Weapons with high-energy lasers and charged-particle beams），以準備使用人造衞星作戰（Star war），那就是說，在空中使用人造衞星所發射的雷射光或分子光武器，卽可將敵人的核子飛彈予以銷毀，以免其威脅或危害美國本身安全。如果另一超強蘇俄也向此方向努力準備的話，將來有一天也許眞的會發生上天下地的核子戰爭，屆時如果雙方不能有效的使用光束武器以抵擋對方核子武器的攻擊，必釀成重大災難，令人思之不寒而慄。科學是中性的，可利人亦可害人，關鍵在人類理性，惟有理性始可防止科技戰爭，始可轉禍爲福。

卽使不談科技戰爭，在談科學提高物質生活水準與增進物質福利的時候，也決不可忽視科學給人類帶來的其他災害，在發展工業的過程中，各國都受到環境污染，如空氣污染、水土污染、物體污染等，皆使人類或生物受到嚴重損害。陸地生物、空中飛鳥、海洋生物皆因工業污染而大量死亡，破壞了自然生態的均衡，人類實在犯了以科學濫殺生物，甚至傷害自己的大罪。我們人類雖爲地球動物的一小部分，但因我們有思維推理的自覺能力，所以可以運用旣有的經驗與知識以製造機器工具。尤有進者，人類能訂立各種制度及突破本能的限制以提高工作效率，利用自然以增進人生福利，如改良種子土壤及製造肥料以增加農業生產，使用遺傳工程以製造工業品，利用原子能以發電或推動交通工具，這些皆有賴於科學始可完成。

科學雖可改善人的物質福利，但對於人的精神幸福却無能爲力。精神幸福較物質幸福更爲重要，而精神幸福又以精神自由最爲重要。我們前面講民主說，失去自由乃是人生的最大痛苦，人活着而無自由比死還痛苦，如職業自由、生活自由、言論自由、通訊自由、集會結社遷徙等等，凡此皆構成精神幸福的基本因素，因爲這些皆爲理性之需要，如果失去，無異於失去生命，爲什麼在共產極權統治下的人民都想拚命逃亡？理由很單純：爲了自由。在共產極權統治下生活的人們失去一切自由，皆如囚犯，故極感痛苦，感到生不如死，所以就勇於逃亡。如古巴難民潮，如越南難民潮，如大陸難民潮，如東德難民潮。在逃亡時不分男女老幼，死在逃亡途中者不可勝計，一有機會，後來的逃亡者不絕於途，前仆後繼，情況極其悲慘。他們寧死於逃亡，不願活在恐怖的暴政下，唯一目的就在爭自由。

講到這裏，我們就可以把民主與科學拉在一塊說了。凡實行共產暴政的國家必定科學落後，因爲它們沒有學術自由。在民主國家中都講學術自由，私人研究風氣皆盛，個人才智可以自由發展，自然就會提高其學術水準。斯拉夫民族原極優秀，帝俄時代的學術水準極高，但現在的蘇俄實行極權統治，沒有學術自由，故其科技較美、英、法、德、日本等自由國家的科技水準遠遠落後，雖然蘇俄盡力使用科技間諜以偷取西方科技及另以金錢購買科技，因而彌補其一部分科技之不足，但在整體來看，其科技水準仍低於西方一大截。科學或任何學術發展的必要條件是民主自由，沒有民主自由，科技便無發展機會，便趨向死亡。在共產極權下，其學術的致命傷就在沒有學術自由，而學術自由又是由民主自由而來。歸根結底來說，科學與民主不可分。我們可以觀察到，凡實行民主政治的國家，其科學也必定發達，故其工商業發達，故其人民的物質生活水準高，故其人民的精神生活幸福多，這些都是不可否認的事實。科學來自科學精神，科學精神來自民主精神，而民主精神又來自理性，理性就是生命精神。

第十三章　理性判斷

人生而具理性，人總是要講理，講理出於理性要求，人生價值必由理性作最後裁判。有人願意糊裏糊塗的活着，就像鄭板橋一樣還說什麼「難得糊塗」，以爲掩飾。不錯，人間事理不易講個分曉明白，但不講理的活着，總非好辦法。人間是非善惡總有一個了斷，這是非善惡不是科學問題，科學只教人認知事實，至於是非善惡，科學不管，它想管也管不了，管是非善惡的是理性。

葉公告訴孔子說：「吾黨有直躬者其父攘羊而子證之」，孔子聽了以後，不以爲然。孔子說：「吾黨之直躬者異於是，父爲子隱，子爲父隱，直在其中矣」（語見論語子路）。父親偷了人家的羊，爲兒子的知道此事，他該怎麼辦？要主動到法庭公證其父之罪狀？共產黨要兒子鬥爭父親，在鬥爭會上宣佈自己父親的罪狀，這種大義滅親的辦法是不合理性要求的。孔子主張子爲父隱，是合情合理的。中國法家只重刑名權術，引繩墨，切事情，很有科學精神，也很富有法治精神。但法家「輕仁義，慘礉少恩，遠離道德」，這是司馬遷給法家的評語，確爲的當。不錯，人羣生活不能無法，但法由人訂，法不能違背理性要求，做兒子的向法院公證自己父親的罪狀是違背倫理的。現在民主社會亟講法治，但法治有其極限，缺點很多，法治可以實現人的功利要求，但有時却不能符合更高層次的理性要求。父子倫理關係是絕對的不可代替，任何他人不能代替自己的父親，做兒子的應不惜一切維護自己的父親，不讓他受到傷害，卽使他犯了罪，也不可主動出庭作證，這便是眞的直，符合理性要求。父親偷羊事體不大，但父親如果賣國作漢奸呢？作漢奸賣國的人自有國法處理，做兒子的只可事前用力勸阻父親，但事情公開了，做兒子也不宜主動公證自己父親的罪狀。

如果做兒子的有司法權，其父犯了殺人罪，這時做兒子的應該怎麼辦？下文取自孟子，就是討論這個問題。

桃應問曰：「舜爲天子，皐陶爲士，瞽叟殺人，則如之何？」

孟子曰：「執之而已矣。」

（桃應又問）曰：「然則舜不禁與？」

（孟子）曰：「夫舜惡得而禁之，夫有所受之也。」

（桃應又問）曰：「然則舜如之何？」

（孟子）曰：「舜視棄天下，猶棄敝蹝也。舜負（瞽叟）而逃，遵海濱而處，終身訢然，樂而忘天下。」（孟子盡心章句上）

舜爲天子，乃最高的司法者，皐陶爲其司法部長，舜父瞽叟不賢而殺人，在這種場合，做兒子的舜帝應該對此事如何處理？這是很難處理的一件事。爲了執法，舜帝只有讓皐陶捉人，讓法院審判父罪。犯殺人罪的不是他人，而是自己的父親，依法應治父罪，但犯人爲己父，父子之情不可違，這是理性要求。孟子認爲舜帝應該拋棄帝位背負其父逃亡。孟子以爲舜乃出名的孝子，陪父逃亡，無帝一身輕，可以終身快樂。帝位乃身外之物，自己的父親無有代替品。如自己不棄帝位，讓皐陶抓人治罪，等於自己親治父親之罪，這是背情違理的。如今拋棄帝位，陪父逃亡，就符合理性要求。就功利看，拋棄帝位乃個人的極大損失，但就倫理看，維護父親生命，乃是孝情、孝行，其價值高出守法。

以上兩樁事例，一爲其父攘羊子爲父隱，一爲其父殺人，其子棄帝位而陪父逃亡。若依現代法律來看，無異是窩藏犯人，法律與倫理有所衝突。一個現代民主國家的國民如果碰到這種事，應該怎麼辦才算正當？一個無官職的人碰到自己的父親殺人或偷東西，在情理上講決不可捉住父親把他扭送到法院，卽使其父已被執法人員捕獲而在法院受審，自己也不可自動出庭作不利其父的見證人。其父犯罪，做兒子的亦感痛苦。父親不賢，兒子應委婉勸諫，感動其父認錯認罪，如其父不悟，其子也無可奈何，如其父悔悟而自動投案，其子也不必力加勸阻，犯罪者應受刑，是合理的。如果其子身負國家重任，其父犯了殺人罪，其子不宜像舜一樣棄官負父逃亡，時代環境不同，人的行事自然不同，在舜帝時代，人類法治觀念淡薄，甚至尙無國家觀念，故舜帝棄位陪父逃亡是可行的。但如果其子身爲現代國家元首，如果因父殺人而棄位陪父逃亡，就行不通。因爲一個現代國家的元首的去留對其國家影響太大，故其官位是不可隨意拋棄的。

所謂理性要求是隨時而變的，並非一成不變。我們要講活理，不可講死理。孔子去其父母之邦的魯國而周遊列國，在那個時代國家觀念極爲模糊，故孔子可以在各國爲仕做官。吳子胥叛楚，到了吳國做官，史家並未視其爲漢奸，却認其爲英雄。蘇秦掛六國相印，蘇子以爲榮，時人不以爲非。故時代不同，國家觀念不同，人的行事標準亦不同。昔時可行，今日未必可行。在春秋戰國時代，有很多人離開自己的國家到異國做官，甚至到敵國做官，史家不以爲非，這件事就可說明昔時的國家觀念與現代的不同。人類倫理如父慈子孝乃出於自然，古今不二，但倫理行事却須應時而變，這是時代環境的要求，應與理性的要求配合。在現代文明社會中，如果其子割己身之肉以孝親，那就是愚行，不是眞孝。像吳子胥背楚事吳，由現代的國家觀念衡量，吳子胥就是標準的漢奸，但吳子胥却是歷史英雄人物。在舜帝時代，其子可以棄位陪着殺人的父親逃亡，但現在就不可行，就不能視爲標準的倫理行爲。男女授受不親是我國古禮，在西洋就行不通，卽使在我國現在也行不通。淳于髡詰孟子說男女授受不親是禮麽？孟子肯定說是禮。淳于髡又詰問說嫂溺是否要以手援之？孟子說嫂溺援之以手是權，男女授受不親是禮。其實常禮與權變也不易講個分曉，在現代的文明社會看，男女授受不親倒是權，而男女授受相親却是常禮了。

人性古今如一，自然不可改易。但人類社會環境及思想觀念却古今差異極大。同是人類行爲，有野蠻文明之分，因此人類行爲必須適應環境應時而變，不拘一格。孔子談到三代禮制，讚美周代曰：「郁郁乎文」，孔子所以從周，就因爲周代禮文後來居上。人類的觀念與知識內容隨時而增進，凡此皆要求人類行爲的日新又新，要求人性對環境適應的多樣化，也就是要求人類行爲標準的異樣化。但須知，人性對環境適應的多樣化或其行爲標準的異樣化並非意味着人性的根本改變。人性不可改變，但人性是活動的，那就是說，人性雖不變，但可應變。人性應變活動乃出於理性要求，我們說：「子爲父隱父爲子隱」就是理性要求，如果其子攘羊，其父若感其子冥頑難化而將其送入少年感化院，也是可行的，故理性判斷是應時而變的。是非善惡是相對的可變的，人的行事可以昨是而今非或昨非而今是，但理性却萬古如一。新加坡努力追求現代化，但也努力振興儒學。新加坡的學者們對孔子的其父攘羊子爲父隱說法却持懷疑態度，疑其與法治精神相牴觸，滯礙難行。其實其父攘羊，法治其罪，與子隱父罪之親情二者可以並行。你治罪，我隱情，二者同出於理性要求，子爲父隱屬倫理行爲，並未犯法，法治與倫理並行，有何不可？

本書重要參考書

書名	作者	出版書局
一、華英對照四書	（孔孟弟子）	文友書局
二、易經集註	（伏羲文王等）	文化圖書公司
三、老子白話新釋	嚴靈峯	文源書局
四、莊子集釋	莊　子	世界書局
五、宋元學案	黃宗羲	世界書局
六、明儒學案	黃宗羲	世界書局
七、荀子	荀　子	臺灣時代書局
八、史記	司馬遷	文化圖書公司
九、飲冰室全集	梁啓超	文化圖書公司

十、定本墨子閒詁	墨　子	世界書局
十一、秋聲賦	歐陽修	正言出版社
十二、The New Testament	(Mark, Paul, etc.)	Thmas Nelson and Sons
十三、Space, Time and Relativity	R. Nevanlina	Addison-Wesley Publishing Company
十四、Lao Tzu Tao Te Ching	D. C. Lau	Penguin Books
十五、徐志摩散文集	徐志摩	蓬萊出版社
十六、易學源流及其精義	孫寶琛	大海文化公司
十七、儒道兩家思想論文集	孫寶琛	精準出版社
十八、哲學與現代世界	馮滬祥	先知出版社
十九、The Three Principles of The People	孫中山	The Office's Language School
二十、韓非子集解	韓　非	文光圖書公司
二十一、生活的藝術	林語堂	應城出版社

二十二、人性分析　陳慶餘　清流出版社
二十三、文藝心理學　朱光潛　臺灣開明書店
二十四、權力論　羅素　正中書局
二十五、Foreware Address　Lilian Chao　幼獅書店
二十六、Time (1980-1983)　Time Publishing House

滄海叢刊已刊行書目(八)

書名	作者	類別
文學欣賞的靈魂	劉述先	西洋文學
西洋兒童文學史	葉詠琍	西洋文學
現代藝術哲學	孫旗譯	藝術
音樂人生	黃友棣	音樂
音樂與我	趙琴	音樂
音樂伴我遊	趙琴	音樂
爐邊閒話	李抱忱	音樂
琴臺碎語	黃友棣	音樂
音樂隨筆	趙琴	音樂
樂林蓽露	黃友棣	音樂
樂谷鳴泉	黃友棣	音樂
樂韻飄香	黃友棣	音樂
樂圃長春	黃友棣	音樂
色彩基礎	何耀宗	美術
水彩技巧與創作	劉其偉	美術
繪畫隨筆	陳景容	美術
素描的技法	陳景容	美術
人體工學與安全	劉其偉	美術
立體造形基本設計	張長傑	美術
工藝材料	李鈞棫	美術
石膏工藝	李鈞棫	美術
裝飾工藝	張長傑	美術
都市計劃概論	王紀鯤	建築
建築設計方法	陳政雄	建築
建築基本畫	陳榮美 楊麗黛	建築
建築鋼屋架結構設計	王萬雄	建築
中國的建築藝術	張紹載	建築
室內環境設計	李琬琬	建築
現代工藝概論	張長傑	雕刻
藤竹工	張長傑	雕刻
戲劇藝術之發展及其原理	趙如琳譯	戲劇
戲劇編寫法	方寸	戲劇
時代的經驗	汪琪 彭家發	新聞
大眾傳播的挑戰	石永貴	新聞
書法與心理	高尚仁	心理

滄海叢刊已刊行書目(七)

書名	作者	類別
印度文學歷代名著選(上)(下)	糜文開編譯	文學
寒山子研究	陳慧劍	文學
魯迅這個人	劉心皇	文學
孟學的現代意義	王支洪	文學
比較詩學	葉維廉	比較文學
結構主義與中國文學	周英雄	比較文學
主題學研究論文集	陳鵬翔主編	比較文學
中國小說比較研究	侯健	比較文學
現象學與文學批評	鄭樹森編	比較文學
記號詩學	古添洪	比較文學
中美文學因緣	鄭樹森編	比較文學
文學因緣	鄭樹森	比較文學
比較文學理論與實踐	張漢良	比較文學
韓非子析論	謝雲飛	中國文學
陶淵明評論	李辰冬	中國文學
中國文學論叢	錢穆	中國文學
文學新論	李辰冬	中國文學
離騷九歌九章淺釋	繆天華	中國文學
苕華詞與人間詞話述評	王宗樂	中國文學
杜甫作品繫年	李辰冬	中國文學
元曲六大家	應裕康 王忠林	中國文學
詩經研讀指導	裴普賢	中國文學
迦陵談詩二集	葉嘉瑩	中國文學
莊子及其文學	黃錦鋐	中國文學
歐陽修詩本義研究	裴普賢	中國文學
清真詞研究	王支洪	中國文學
宋儒風範	董金裕	中國文學
紅樓夢的文學價值	羅盤	中國文學
四說論叢	羅盤	中國文學
中國文學鑑賞舉隅	黃慶萱 許家鸞	中國文學
牛李黨爭與唐代文學	傅錫壬	中國文學
增訂江皋集	吳俊升	中國文學
浮士德研究	李辰冬譯	西洋文學
蘇忍尼辛選集	劉安雲譯	西洋文學

滄海叢刊已刊行書目(六)

書名	作者	類別
卡薩爾斯之琴	葉石濤	文學
青囊夜燈	許振江	文學
我永遠年輕	唐文標	文學
分析文學	陳啓佑	文學
思想起	陌上塵	文學
心酸記	李喬	文學
離訣	林蒼鬱	文學
孤獨園	林蒼鬱	文學
托塔少年	林文欽編	文學
北美情逅	卜貴美	文學
女兵自傳	謝冰瑩	文學
抗戰日記	謝冰瑩	文學
我在日本	謝冰瑩	文學
給青年朋友的信(上)(下)	謝冰瑩	文學
冰瑩書柬	謝冰瑩	文學
孤寂中的廻響	洛夫	文學
火天使	趙衞民	文學
無塵的鏡子	張默	文學
大漢心聲	張起鈞	文學
回首叫雲飛起	羊令野	文學
康莊有待	向陽	文學
情愛與文學	周伯乃	文學
湍流偶拾	繆天華	文學
文學之旅	蕭傳文	文學
鼓瑟集	幼柏	文學
種子落地	葉海煙	文學
文學邊緣	周玉山	文學
大陸文藝新探	周玉山	文學
累廬聲氣集	姜超嶽	文學
實用文纂	姜超嶽	文學
林下生涯	姜超嶽	文學
材與不材之間	王邦雄	文學
人生小語(一)(二)	何秀煌	文學
兒童文學	葉詠琍	文學

滄海叢刊已刊行書目(五)

書名	作者	類別
中西文學關係研究	王潤華	文學
文開隨筆	糜文開	文學
知識之劍	陳鼎環	文學
野草詞	韋瀚章	文學
李韶歌詞集	李韶	文學
石頭的研究	戴天	文學
留不住的航渡	葉維廉	文學
三十年詩	葉維廉	文學
現代散文欣賞	鄭明娳	文學
現代文學評論	亞菁	文學
三十年代作家論	姜穆	文學
當代臺灣作家論	何欣	文學
藍天白雲集	梁容若	文學
見賢集	鄭彥棻	文學
思齊集	鄭彥棻	文學
寫作是藝術	張秀亞	文學
孟武自選文集	薩孟武	文學
小說創作論	羅盤	文學
細讀現代小說	張素貞	文學
往日旋律	幼柏	文學
城市筆記	巴斯	文學
歐羅巴的蘆笛	葉維廉	文學
一個中國的海	葉維廉	文學
山外有山	李英豪	文學
現實的探索	陳銘磻編	文學
金排附	鍾延豪	文學
放鷹	吳錦發	文學
黃巢殺人八百萬	宋澤萊	文學
燈下燈	蕭蕭	文學
陽關千唱	陳煌	文學
種籽	向陽	文學
泥土的香味	彭瑞金	文學
無緣廟	陳艷秋	文學
鄉事	林清玄	文學
余忠雄的春天	鍾鐵民	文學
吳煦斌小說集	吳煦斌	文學

滄海叢刊已刊行書目㈣

書名	作者	類別
歷史圈外	朱桂	歷史
中國人的故事	夏雨人	歷史
老臺灣	陳冠學	歷史
古史地理論叢	錢穆	歷史
秦漢史	錢穆	歷史
秦漢史論稿	刑義田	歷史
我這半生	毛振翔	歷史
三生有幸	吳相湘	傳記
弘一大師傳	陳慧劍	傳記
蘇曼殊大師新傳	劉心皇	傳記
當代佛門人物	陳慧劍	傳記
孤兒心影錄	張國柱	傳記
精忠岳飛傳	李安	傳記
八十憶雙親 師友雜憶 合刊	錢穆	傳記
困勉強狷八十年	陶百川	傳記
中國歷史精神	錢穆	史學
國史新論	錢穆	史學
與西方史家論中國史學	杜維運	史學
清代史學與史家	杜維運	史學
中國文字學	潘重規	語言
中國聲韻學	潘重規 陳紹棠	語言
文學與音律	謝雲飛	語言
還鄉夢的幻滅	賴景瑚	文學
葫蘆・再見	鄭明娳	文學
大地之歌	大地詩社	文學
青春	葉蟬貞	文學
比較文學的墾拓在臺灣	古添洪 陳慧樺 主編	文學
從比較神話到文學	古添洪 陳慧樺	文學
解構批評論集	廖炳惠	文學
牧場的情思	張媛媛	文學
萍踪憶語	賴景瑚	文學
讀書與生活	琦君	文學

滄海叢刊已刊行書目(三)

書名	作者	類別
不疑不懼	王洪鈞	教育
文化與教育	錢穆	教育
教育叢談	上官業佑	教育
印度文化十八篇	糜文開	社會
中華文化十二講	錢穆	社會
清代科舉	劉兆璸	社會
世界局勢與中國文化	錢穆	社會
國家論	薩孟武譯	社會
紅樓夢與中國舊家庭	薩孟武	社會
社會學與中國研究	蔡文輝	社會
我國社會的變遷與發展	朱岑樓主編	社會
開放的多元社會	楊國樞	社會
社會、文化和知識份子	葉啓政	社會
臺灣與美國社會問題	蔡文輝 蕭新煌 主編	社會
日本社會的結構	福武直 著 王世雄 譯	社會
三十年來我國人文及社會科學之回顧與展望		社會
財經文存	王作榮	經濟
財經時論	楊道淮	經濟
中國歷代政治得失	錢穆	政治
周禮的政治思想	周世輔 周文湘	政治
儒家政論衍義	薩孟武	政治
先秦政治思想史	梁啓超原著 賈馥茗標點	政治
當代中國與民主	周陽山	政治
中國現代軍事史	劉馥著 梅寅生譯	軍事
憲法論集	林紀東	法律
憲法論叢	鄭彥棻	法律
師友風義	鄭彥棻	歷史
黃帝	錢穆	歷史
歷史與人物	吳相湘	歷史
歷史與文化論叢	錢穆	歷史

滄海叢刊已刊行書目㈡

書名	作者	類別
語言哲學	劉福增	哲學
邏輯與設基法	劉福增	哲學
知識·邏輯·科學哲學	林正弘	哲學
中國管理哲學	曾仕强	哲學
老子的哲學	王邦雄	中國哲學
孔學漫談	余家菊	中國哲學
中庸誠的哲學	吳怡	中國哲學
哲學演講錄	吳怡	中國哲學
墨家的哲學方法	鍾友聯	中國哲學
韓非子的哲學	王邦雄	中國哲學
墨家哲學	蔡仁厚	中國哲學
知識、理性與生命	孫寶琛	中國哲學
逍遙的莊子	吳怡	中國哲學
中國哲學的生命和方法	吳怡	中國哲學
儒家與現代中國	韋政通	中國哲學
希臘哲學趣談	鄔昆如	西洋哲學
中世哲學趣談	鄔昆如	西洋哲學
近代哲學趣談	鄔昆如	西洋哲學
現代哲學趣談	鄔昆如	西洋哲學
現代哲學述評㈠	傅佩榮譯	西洋哲學
懷海德哲學	楊士毅	西洋哲學
思想的貧困	韋政通	思想
不以規矩不能成方圓	劉君燦	思想
佛學研究	周中一	佛學
佛學論著	周中一	佛學
現代佛學原理	鄭金德	佛學
禪話	周中一	佛學
天人之際	李杏邨	佛學
公案禪語	吳怡	佛學
佛教思想新論	楊惠南	佛學
禪學講話	芝峯法師譯	佛學
圓滿生命的實現（布施波羅蜜）	陳柏達	佛學
絕對與圓融	霍韜晦	佛學
佛學研究指南	關世謙譯	佛學
當代學人談佛教	楊惠南編	佛學

滄海叢刊已刊行書目(一)